교회학교 교사를 위한
신앙정석

초판인쇄	2020년 4월 9일
초판발행	2020년 4월 15일
지은이	이현철
발행인	박신웅
디자이너	이현정
펴낸곳	대한예수교장로회 생명의 양식
	서울특별시 서초구 고무래로 10-5 (반포동)
	TEL.(02)592-0986 FAX.(02)595-7821
	www.qtland.com

*본 저서는 2019년 고신대학교 학술연구지원사업을 통해 수행되었음.

/ 교회학교 교사를 위한 /

신앙 정석

이현철 지음

THE BREAD OF LIFE

저자 소개

이 현 철

고신대학교 신학대학 기독교교육과 교수

저자는 교회를 위한 실천적인 연구와 글쓰기를 사명으로 살아가는 연구자요 목회자이다. 현재 고신대학교 신학대학 기독교교육과 학과장, 고신대학교 교수학습지원센터장이며, 대구동부노회(고신) 서문로교회에서 사역하고 있다. 고신대학교 신학대학 기독교교육과, 경북대학교 대학원 교육학석사·박사, 미국 Pennsylvania State University 교육학과 박사후연구, 고신대학교 신학대학원 목회학석사, 미국 Gordon-Conwell Theological Seminary 목회학박사(수료) 과정들에서 공부하였다. 기독교교육을 포함한 실천신학, 교육학, 사회학 분야에서 많은 논문과 저서를 발표하였으며, 한국학술지인용색인(KCI) 등재 논문 질적 평가 결과 학술논문 총피인용 수 최상위 연구자로 선정되기도 하였다. 또한 한국연구재단(정부)으로 부터 신진·중견연구자 사업에 선정되어 '한국 교회학교 교사, 청소년 수련회, 한국교회의 진입장벽, 산간벽지 교회' 등 한국교회와 교회학교가 직면하고 있는 딜레마를 집중적으로 분석하여 연구를 수행하였다.

추천사

우리 시대 가장 주목받는 교육학자인 이현철 박사의 '교회학교 교사를 위한 신앙정석'은 교회학교 교사만이 아니라 청년, 학생, 신학도와 목회자들, 그리고 다음 세대에 관심을 가진 모든 이들에게 필요한 교과서라고 생각된다. 늘 암송하면서도 그냥 지나쳤던 사도신경과 십계명의 역사와 의미, 신학과 교리, 그리고 오늘을 위한 가르침을 이처럼 선명하게 기술한 책이 있었던가? 교회와 역사, 신앙과 고백, 그리고 교육학적 기술은 기독교교육학자이자 신학자인 저자의 오랜 학구의 결실이라고 생각된다. 한 가지 더 소중한 가치는 다음세대를 향한 저자의 애정과 열정이다.

이상규 교수(고신대학교 명예교수·백석대학교 석좌교수)

많은 교리교육서가 있지만 교회학교의 다음 세대가 읽고 이해하기 쉬운 사도신경과 십계명 해설 교재는 찾기 어렵다는 아우성이 높은 교계 현실에서, 반가운 책이 나왔다. 이현철 박사가 쓴 '교회학교 교사를 위한 신앙정석'은 교회학교 현장의 필요를 적절히 채워주는 보석과 같은 작품이다. 이 책은 교리를 쉽게 설명할 뿐 아니라 교회학교 현장에서 교사들이 사도신경과 십계명을 교육할 수 있는 세심한 교육 방법과 구체적인 교안을 제공한다. 자녀에게 기독교의 정수를 가르치고자 하는 모든 부모들과 주일학교 교사들께 이 책을 자신 있게 추천한다.

신원하 교수(고려신학대학원 원장)

기독교교육은 신앙의 의미를 전달하는 가르침의 행위입니다. 교회학교 교사는 다음 세대에게 사도신경과 십계명이 담고 있는 기독교의 핵심 진리를 잘 가르쳐 신앙의 참 의미를 알도록 해야 합니다. 본서는 기독교교육의 이론과 실천에 탁월한 학자 겸 목사인 이현철 교수님이 다음세대를 위해 현장에서 고군분투하는 교회학교 교사들을 위해 저술한 책입니다. 이 책은 사도신경과 십계명의 내용을 잘 요약 정리하였을 뿐 아니라 그것을 실제 교육현장에서 적실성 있게 전달할 수 있도록 체계적으로 구성되어 있습니다. 본서를 통해 다음세대가 더욱 건강한 신앙을 소유하게 될 것을 확신하며 강력히 추천합니다.

함영주 교수(총신대학교 기독교교육)

사도신경과 십계명은 신앙의 가장 기초가 되는 가르침이다. 시중에 이에 대한 신학자와 목회자들의 강해서가 넘쳐난다. 그런데 정작 교회학교 교사들이 사도신경과 십계명을 학생들에게 어떻게 가르쳐야 하는지에 대한 매뉴얼은 이때까지 거의 없었다. 그런 점에서 이 책은 너무나 필요한 공간을 아주 멋지게 채워주는 달작(達作)이다. 매과 마다 수업 목표, 수업의 핵심, 수업 로드맵을 제시하여 줌으로써, 초보 교사라도 쉽게 공과를 구성할 수 있도록 도와주고 있다. 구성보다 더 놀라운 것은 내용이다. 읽을수록 배울 것이 많다. 사도신경과 십계명의 풍성한 의미를 이토록 쉽고 재미있으면서도 깊이 있게, 그리고 고백적이면서도 실제적으로 담아낸 책은 드물 것이다. 책을 읽다보면 당장 우리집 아이들에게 이 교재대로 가르치고 싶다는 열망이 솟아난다. 모든 교회학교 교사들에게 적극 권한다.

우병훈 교수(고신대학교 교의학)

사도신경과 십계명은 기독교 가르침의 가장 중요한 뼈대이며 신자들의 필수적 지식이다. 나는 예전부터 모든 그리스도인이 이 뼈대가 되는 지식으로부터 출발하여 다양하고 깊이 있게 진리의 체계를 배워야 하며, 배울 수 있다고 확신해 왔다. 즉, 교회학교의 어린 아이들부터 오랫동안 그리스도를 섬긴 노인들까지 이 내용이 반복적으로 이해되어야 한다고 믿는 것이다. 그래서 나는 이 뻔하디 뻔한 내용을 어떻게 반복적이지만 다채롭게 가르칠 수 있는지에 대한 연구를 진행해 왔고, 이 내용들을 설교할 뿐 아니라 제자훈련으로, 또한 소그룹 나눔으로 익히게 할 수 있을지 고민해 왔다. 그리고 이제 나는 교회학교 교사들이 이 내용을 아이들에게, 특히 청소년들에게 어떻게 가르치며 적용할 수 있는지에 대한 고민은 할 필요가 없게 되었다고 생각한다. 이 책은 교육학적 기술과 통찰이 빛나는 구성을 띨 뿐 아니라(한 과의 분량, 교수 방법, 체계성, 로드맵 전반 모두가 탁월하다!), 신학적으로도 바르고 신뢰할 만하다.

이정규 목사(서울시광교회 담임)

목차

06   추천사

12   서 문: 교회학교 교사로서 우리는 무엇을 가르쳐야 할 것인가?

19   이 책의 특징과 활용방법

I. 사도신경

26   사도신경
- 왜 사도신경인가?: 사도신경의 의미
- 사도신경의 구조: 삼위일체

34   나는 전능하신 아버지 하나님, 천지의 창조주를 믿습니다
- 그분을 고백한다는 것의 의미
- 그 고백의 대상은 놀라운 분

43   나는 그의 유일하신 아들, 우리 주 예수 그리스도를 믿습니다
- 하나님의 유일한 아들이신 예수님
- 왕, 선지자, 제사장이신 예수님
- 큐리오스! 예수님

53   성령으로 잉태되어 동정녀 마리아에게서 나신 것
- 예수님의 신성
- 예수님의 인성

63   본디오 빌라도에게 고난을 받으시고 십자가에 못 박혀 죽으시고
- 예수님의 고난
- 예수님의 십자가와 죽으심

71   장사된 지 사흘 만에 죽은 자 가운데서 다시 살아나셨으며
- 예수님의 부활
- 예수님의 부활이 우리에게 주는 유익

79　하늘에 오르시어 전능하신 아버지 하나님 우편에 앉아 계신 것
　　　- 예수님의 승천
　　　- 예수님의 승천에 따른 영광

85　거기로부터 살아있는 자와 죽은 자를 심판하러 오시는 것
　　　- 예수님의 재림
　　　- 예수님의 재림의 목적은 심판

93　나는 성령을 믿으며
　　　- 성령님은 어떤 분이신가?
　　　- 성령님의 사역은 무엇인가?

103　거룩한 공교회와 성도의 교제
　　　- 예수님 안에서의 연합
　　　- 아름다운 교제

111　죄를 용서 받는 것
　　　- 죄의 의미
　　　- 정죄치 아니하심

119　몸의 부활
　　　- 몸의 부활의 의미
　　　- 몸의 부활을 믿는 다는 것

127　영생을 믿는 것
　　　- 영생의 의미
　　　- 영생을 소유한자라면…

II. 십계명

136　십계명의 의미
　　　- 누구를 대상으로 한 것인가?
　　　- 하나님의 사랑

142　너는 나 외에는 다른 신들을 네게 두지 말라
　　　- 계명들의 기초
　　　- 무엇이 우리의 우상인가?

148 너를 위하여 새긴 우상을 만들지 말고…
- 내가 만든 신
- 하나님을 바르게 섬김

158 네 하나님 여호와의 이름을 망령되게 부르지 말 것
- 이름의 의미
- 망령의 의미

165 안식일을 기억하여 거룩하게 지키라
- 안식일의 개념과 의미
- 적극적인 적용

170 네 부모를 공경하라
- 공경의 의미
- 범위와 의미의 확장

178 살인하지 말라
- 살인의 의미
- 살인을 금하신 이유

187 간음하지 말라
- 간음의 의미
- 예수님의 요구

195 도둑질하지 말라
- 기본적 의미
- 고차원적인 의미와 신앙적 도전

204 네 이웃에 대하여 거짓 증거 하지 말라
- 거짓 증거의 의미
- 2가지 적용점

212 네 이웃의 집을 탐내지 말라…
- 탐심의 의미
- 그리스도인의 삶의 방향

서 문

교회학교 교사로서 우리는 무엇을 가르쳐야 할 것인가?

나는 얼마 전 지역 거점 교회의 교육기관 헌신예배와 교회학교 교사와의 토크콘서트를 요청받았다. 설교를 마치고 전체 교사들과의 만남이 예정되었다고 하니 은근히 부담이 되었다. 보통 설교를 마치고 잠시 담소를 나눈 뒤에는 교회를 떠난다. 이 교회는 교회학교 교사의 역량을 키워주고자 전문가와의 토크콘서트를 따로 준비하여 짜임새 있게 프로그램을 구성한 것이다. 설교가 '만루 홈런'이라면 당연히 토크콘서트도 분위기가 좋을 것이지만 만약 '병살타'가 된다면 토크콘서트는… 상상하는 순간 식은 땀이 흐르고, 머리가 아파왔다. 나의 설교와 관련된 '핍박(?)수준의 피드백'은 집사람으로부터 듣는 것만으로도 충분하다. 갑자기 집사람의 까랑까랑한 목소리가 생각나서 머리가 더욱 아파왔다.

교회 주차장에 차를 주차하고, 정문에 나와 계시는 목사님을 따라 담임목사님과 장로님들께서 계시는 당회원실로 올라갔다. 정중히 인사를 드리고, 전형적인 당회원실의 커다란 개인 소파에 몸을 의지한다. 잘 정돈된 당회원실에서 교회의 역사와 안정적인 분위기를 느꼈다. 그리고 아무도 이야기하지는 않았지만 내 눈에는 '어서와, 우리교회는 처음이지'라는 문구가 당회원실 하얀 벽면을 타고 써내려갔다.

담임목사님께서 교회와 장로님들에 대한 소개를 간략하게 해주셨다. 서로간의 인사가 있은 뒤 담소를 나누고 정해진 예배 시간에 예배당으로 올라갔다. 교회찬양단의 열정적인 찬양과 성도들의 뜨거움이 느껴졌다. 찬양을 인도해주시는 목사님의 실력이 대단하다. 나도 저렇게 잘하였으면 좋겠다고 생각하였다. 그러고는 얼마 전 찬양 중에 실수했던 생각이 떠올랐다. '찬양은 어렵다'라고 생각하면서 겸손히 하나님께 기도하였다. '하나님 아버지 당신의 말씀만이 온전히 드러날 수 있도록 인도해주십시오'

"오늘 본문은 독특한 맥락을 가지고 있습니다…"
설교를 시작하였다.
……
11포인트로 작성된 A4지 5장 반 분량
……
설교가 끝이 났다.

설교를 마치고 은근히 신경 쓰이는 마음을 숨기고 인도하는 분을 따라 움직였다. 미리 예정된 장소에서 기관별 부장 선생님들과 먼저 잠시 애기를 나눌 수 있는 공간으로 인도되었다. 약간 광택이 도는 다소 유행이 지난 정장을 입으시고 검은색 뿔테 안경을 쓰신 남자 선생님, 흰색 블라우스를 입으시고 교육기관 소개를 위한 자료들을 들고 셰시는 여사 선생님, 분주하게 간식과 다과를 가져오시는 남자 선생님이게셨다. 간식과 다과를 준비해주시는 분은 분명 총무선생님이실꺼다.

흰색 블라우스를 입으신 고등부 부장 선생님께서 '세상에 없는 환한 미소'로 동료 부장 선생님들을 소개해주신다. 소개가 끝나고 나니 응접실에서는 커피잔을 올렸다 내렸다하는 소리만이 '딸그락'남는다. 나의 머릿속에는 '토크콘서트, 토크콘서트, 토크콘서트…' 가 돌고 돈다. 그러던 중 문을 급하게 열고 들어오시는 중등부 담당 목사님의 소리가 정겹고 반갑다.

"아이고 조금 늦었습니다."

목사님께서 웃으시면서 자연스럽게 나의 눈을 맞춰주신다. 중등부 담당 목사님을 처음 뵈었지만 어찌나 반갑든지 몇 년만에 만나는 죽마고우 같은 마음이 들었다. 커피잔의 '딸그락' 소리는 이제 사라졌다.
목사님께서 들어오셔서 '이런애기 저런애기'를 나누면서 교회의 상황과 맥락을 더욱 잘 알 수 있었다. 한결 부드러워진 시간 속에서 부장 선생님들의 헌신 예배 말씀과 은혜에 대한 애기도 들으니 안도의 한숨이 쉬어진다. 만루 홈런은 아니더라도 3루타는 친 것 같다. 할렐루야!

정해진 시간이 되어 교회 세미나실로 이동하였고, 60명이 넘는 교사들이 시끌벅적하게 간식을 먹으며 여유롭게 시간을 보내고 있었다. 교회학교 교사의 아이들이 뛰어다니고, 어느 교회에서나 계시는 분위기 메이커 집사님의 '아재개그'가 터졌다. 더 좋을 수 없는 분위기 속에서 토크 콘서트가 시작되었다.
토크콘서트는 진지하게 그리고 몰입도 있게 진행되었다. 각 기관별로 미리 토론된 내용과 교사로서의 딜레마, 그리고 질문이 터져 나왔다. 짜임새 있는 구성으로 진행되었기에 발표와 질문을 주저하기보다는 교육기관에 대한 기관별 그리고 세대별 의견들이 자연스럽게 논의되었고, 서로간의 대화도 자연스럽게 이루어졌다. 나 역시 재미가 있었다. 몇 가지 준비해간 연구물들을 소개하면서 교회학교 교사의 전문성과 역량의 중요성을 강조하였다. 그러면서 토크콘서트는 정해진 시간을 훌쩍 넘겼지만, 교회학교 교사의 반응은 뜨거웠다.
그리고 그 뜨거움이 절정으로 갈 때에 동료 교사의 눈치를 받으며, 리더급 선생님 한 분이 손을 드셨다. 나의 작은 눈과 정확하게 마주쳤다. 순간 그분의 진지한 눈빛을 외면할까 고민하였다. 그러나 그 선생님의 눈빛은 외면할 수 없는 그런 눈빛이었다. 나의 신호를 받으시고 그 선생님은 들고 있던 음료수 잔을 차분하게 책상에 놓으시면서 묵직한 목소리 그리고 미세한 떨림을 가진 체 질문을 이어가셨다.

"교수님, 우리가 학생들에게 무엇을 가르쳐야 할까요?"

그 질문이 터지고 순간 모든 교사들은 숨을 죽인다.
우리는 도대체 무엇을 가르쳐야 할 것인가에 대한 질문은 그 선생님 한 분이 하셨지만 다음세대를 향한 열정으로 신실하게 교회를 섬기고 있는 그 자리 모든 교회학교 교사들의 질문이었기 때문이다. 그 질문이 터졌을 때 그리고 그 질문에 답변을 하고자 좀 더 교회학교 교사들의 자리로 내가 다가갔을 때, 토크콘서트에서 정해 놓은 종료 시간은 더 이상 무의미해졌다. 우리 모두는 더 이상 시계를 보지 않았다.

교회학교 교사들로부터 가장 많이 질문을 받는 것 중에 하나가 '교회에서 다음세대 학생들에게 무엇을 가르쳐야 할 것인가?'에 대한 것이다. 이는 매우 역설적인 질문인데 우리는 이미 다음세대에게 무엇을 가르쳐야 할 것인가를 알고 있고, 그동안 열심히 가르쳐왔기 때문이다.

교회학교 교사들이 '우리가 무엇을 가르쳐야 할 것인가?'와 같은 질문을 할 때에는 아마도 자신들이 어떠한 기본 방향으로 가르쳐야 할 것인가에 대한 물음보다는 구체적인 신앙 교육 콘텐츠와 관련하여 실제적으로 '어떤 내용'을 가르쳐야 하는가에 대한 사항일 것이다. 그리고 우선순위를 두고 '가장 긴급하게 가르쳐야 할 신앙 교육 내용'을 무엇으로 선정해야 할 것인가에 대한 질문으로 이해할 수 있다.

나는 언제나 교회학교 교사들의 질문에 동일한 답을 주었는데, 그것은 바로 '사도신경'과 '십계명'을 제대로 가르치라는 것이다. 우리가 습관처럼 인식하고 있어 화석화 되어버린 사도신경과 십계명을 우리의 다음세대에게 차분하게 가르쳐보라는 것이다. 이 두 가지는 기독교 기본 진리의 핵심을 담고 있으며, 신앙과 삶에 대한 의문점들에 대하여 명쾌하게 답을 주고 있다.

사도신경에는 '우리가 무엇을 믿는가?'에 대한 핵심적인 교리와 개념이 삼위일체적인 구조 속에서 명확하게 기술되어 있다. 특별히 예수 그리스도에 대한 균형 잡힌 지식과 이해로 나아가게 만들어 주고 있어 신앙생활을 시작하는 학생들과 다음세대에게 있어 매우 효과적이다. '거창하고 두꺼운' 교리책들이 부담스러운 교회학교 교사들도 12마디로 이루어진 사도신경을 차분하게 살펴본다면 손쉽게 그리고 부담없이 학생들에 기독교의 핵심적인 교리와 개념들을 가르칠 수 있을 것이다. 거기에는 우리가 고백하는 신앙의 핵심과 놀라운 은혜가 고스란히 담겨져 있으며, 매주 주문처럼 넘어가버려 간과해버린 기독교의 정수들이 풍성히 담겨있다. 따라서 사도신경은 훌륭한 신앙 교육의 콘텐츠이다.

또한 십계명에는 그리스도인들의 생활 원리와 질서가 풍성하게 담겨있다. 여기에는 하나님을 믿고 신실하게 살아가야 할 성도들이 잊지 말고 붙잡아야 할 핵심적인 신앙의 원리와 질서가 투박하지만 매력적으로 소개되고 있다. 더욱이 개혁신앙의 선배들이 풀어낸 몇 가지 유의미한 설명들을 함께 살펴본다면 십계명이 가르치고 있는 고매한 신앙의 아름다움과 수준을 온전히 느낄 수 있다. 이는 특별히 그리스도인으로서 실천적으로 살아가야 할 다음세대 학생들에게 매우 귀하고 의미가 있는 교육콘텐츠이다.

문제는 이처럼 중요한 사도신경과 십계명을 교회학교 교사들을 위해서 간단하고 쉽게 정리한 자료를 구하기 쉽지 않다는 점이다. 사도신경과 십계명은 '조직신학적으로 딱딱하게 다루어야 제대로 분석하는 것이지'라는 고정관념 때문인지 많은 신학자들과 연구자들은 손쉽게 접근할 수 없는 어려운 책을 만들어 왔다. 그로인해 교회 현장과 교회학교 교사들이 활용하기에는 적지 않은 어려움이 있었다.

그러나 사도신경과 십계명은 교회 현장과 교회학교 교사들이 소홀히 다루어서는 안될 소중한 내용이며, 신앙의 보배이다. 다음세대 학생들에게 반드시 가르쳐야 할 2가지가 있다면 바로 사도신경과 십계명일 것이다. 그만큼 이 2가지는 신앙교육에 있어 중요하며, 절대로 간과할 수 없는 내용들을 담고 있다.

이 책은 이러한 문제의식에서 쓰여졌다. 신앙의 핵심적 내용과 실천적인 삶을 담고 있는 사도신경과 십계명을 매우 쉽게 설명하고자 하였으며, 교회학교 교사나 일반 평신도 등 어떤 이들이 보더라고 그 자리에서 읽으며 쉽게 이해할 수 있도록 쓰고자 노력하였다. 잠깐만 읽어도 사도신경과 십계명의 핵심적인 주제와 내용을 파악할 수 있도록 각각의 요소들이 가지고 있는 중요한 주제와 키워드(key word)들을 선정하여 기술하는 것에 집중하고자 노력하였다.

이것을 [쉬운 개념 파트]를 통해서 구현하였다. 그리고 그 내용을 주일의 수업과 교육 현장에 적용할 수 있도록 [쉬운 실전 파트]를 구성하여 간략한 수업안도 제공하였다. 적용과 실천에 막막함을 가지고 있는 교회학교 교사들에게 조금이라도 도움을 주기 위한 노력의 결과물이다. 또한 교회 현장의 실제적인 상황을 고려하여 가능하면 30분 내에 이루어질 수 있도록 구성하였다. 특별히 핵심 분량이 많은 경우 조금 더 시간이 추가된다.

이럼에도 불구하고 교회학교 교사들에게 쉽게 다가가지 못한 부분이 있다면 그것은 전적으로 필자인 나의 부족함에 기인한 것이다. 글을 쓰면서 자꾸 학문적인 욕심이 생기고, 주제와 관련된 하위 개념들을 쓰고 싶은 마음들이 들었지만 심호흡을 하며 절제하고 절제하였다. 처음의 집필 의도에 맞추고자 부단히 노력하였다. 늘 교회학교 교사와 교회 현장을 위하여 친숙하게 글을 쓰고, 접근하고자 하지만 이 부분은 글을 쓰는 내내 나의 인생의 숙제이고 넘어야 할 산일 것이다.

어려운 출판 상황 속에서도 교회학교 교사들과 교회 현장을 위해 기쁜 마음으로 출판을 허락해주신 총회교육원 원장님과 모든 관계자들에게 깊은 감사의 마음을 전한다. 그리고 독자의 입장에서 교회현장의 실제적인 요구를 생동감있게 전달해준 대학원 기독교교육학과(Th.M) 강동협 강도사님에게도 감사를 드린다. 또한 본 작업은 고신대학교의 저서지원사업을 통해 수행되었는데, 학교의 전폭적인 지원과 배려가 없었다면 아마도 이 책은 세상의 빛을 볼 수 없었을 것이다. 하나님 나라 확장을 위한 고신대학교의 사명에 함께 동역할 수 있어 기쁘고 감사하다.

부디 이 책이 무엇을 가르쳐야 할지 답답해 하는 모든 교회학교 교사들에게 작은 힘이 되길 소망한다. 그리고 이 책을 통해서 한국의 모든 교회학교 현장이 본질적인 측면에서 더욱 견고해지고, 하나님 앞에서 더욱 풍성해지길 소망한다. 삼위 하나님의 은총이 이 땅의 모든 교회학교 교사들과 우리의 다음세대들에게 가득하길 기도한다.

Soli Deo Gloria!

2020년 2월 영도의 푸른 바다를 바라보며
이현철

이 책의 특징과 활용방법

　이 책은 기본적으로 교회학교 교사와 다음세대를 신앙적으로 양육하고자 하는 이들을 위해 쓰여졌습니다. 이를 위해서 저자는 [쉬운 개념 파트]와 [쉬운 실전 파트]로 구성하여 신앙교육의 핵심적인 콘텐츠를 교사와 사역자들에게 간략하게 전달하고자 합니다.

　1. [쉬운 개념 파트]를 통해서 각 주제의 가장 기본적이며, 핵심적인 개념을 쉽게 확인할 수 있습니다.

　사도신경과 십계명은 교리적인 내용을 담고 있으며, 이는 방대한 분량으로 설명될 수 있습니다. 물론 목회자와 신학생들을 위한 학술적인 논문과 책이라면 해당 사항들을 모두 종합적으로 소개하는 것이 유익할 것이나, 이 책의 목적은 교회학교 교사들과 평신도 사역자들이 간단하지만 핵심적인 사항을 학생들에게 손쉽게 교육할 수 있도록 하는 데 있습니다.

　이에 따라 [쉬운 개념 파트]는 각 주제의 가장 기본적이며, 핵심적인 개념을 담고있으며, 가능한 불필요한 내용들을 줄이려고 노력하였습니다. 독자들이 [쉬운 개념 파트]를 읽고 나면 관련된 주제의 키워드와 의미를 정리할 수 있도록 핵심 개념을 중심으로 글을 쓰고자 하였습니다.

교회학교 교사와 평신도 사역자는 학생들과의 수업 전 [쉬운 개념 파트]의 주요 항목을 5~10분 정도의 시간을 가지고 읽습니다. 이를 통해서 관련 개념을 키워드로 명확하게 정리할 수 있습니다.

? [쉬운 개념 파트] 예시

예수님의 신성: 성령으로 잉태되어 동정녀 마리아에게서 나신 것

'성령으로 잉태되어'가 지니고 있는 핵심적인 사항은 '예수님께서 완전한 하나님이시다'는 의미입니다. 예수님께서 완전한 신성을 지니고 계시다는 것이 핵심적인 사항입니다. 예수님께서 초자연적인 능력으로 잉태되셨으며, 그는 단순한 인간이 아니라 완전한 하나님이라는 것을 말해주는 것입니다. 이는 우리가 도저히 이성으로 이해할 수 없으며, 생물학적인 설명과 법칙으로는 담아낼 수 없는 완벽한 하나님의 능력으로 이루어진 것입니다. 더욱이 과학적으로 임신과 생명 탄생의 과정이 명확하게 소개되고, 개념이 정립된 우리들에게는 도저히 상상할 수 없는 일이지만 이는 역사적인 사실입니다. 우리가 고백하고 있는 진리인 것입니다. 이는 구체적으로 예수님의 신성과 관련된 사항입니다. 하나님이 인간이 될 수 있는 방법은 오직 성령으로 잉태되는 방법밖에는 없는 것입니다.

2. [쉬운 실전 파트]를 통해서 각 주제의 내용을 수업 현장에 적용할 수 있습니다.

교회학교 교사와 평신도 사역자의 어려움은 신앙적인 내용과 개념을 어떻게 설계하여 학생에게 전달할 것인가 입니다. 사도신경과 십계명 같이 신학적이며, 교리적인 개념들을 담고 있다면 그들에게는 더욱더 힘든 작업입니다.

이와 같은 답답함을 돕고자 [쉬운 실전 파트]를 구성해보았습니다. [쉬운 실전 파트]는 [쉬운 개념 파트]를 통해서 확인된 주요 키워드와 개념을 수업로드맵 형식으로 정리하여 교회학교 교사와 평신도 사역자가 적용할 수 있도록 기본적인 방향과 안내자의 역할을 할 것입니다.

물론 해당 사항은 일반 학교현장에서 활용되는 차시별 수업계획안과 같은 정교함을 갖추고 있지는 않습니다. 저자로서 이 책을 구상하고 초안을 잡을 때에는 교육학적 형식을 갖추며 정교한 수업계획안을 구성하였으나, 교회의 실제적인 학습 시간 및 상황과 이를 구현하는 교사와 사역자의 입장에서 다소 난해하고 부담스럽다는 의견을 수렴하여 변경을 하였습니다.

오히려 [쉬운 실전 파트]를 각 주제의 키워드와 핵심내용을 도출하고, 그 내용을 바탕으로 '도입-전개-정리'의 직관적인 형태의 설계를 통해서 교회학교 교사와 평신도 사역자가 부담 없이 수업을 진행할 수 있도록 하였습니다. 이는 해당 수업을 진행하는 이들의 특성과 자율성이 더욱 담보되는 형태로 볼 수 있습니다.

! [쉬운 실전 파트] 예시

<수업 로드맵>

단계	핵심주제	학습내용	시간(분)
도입	예수님에 대한 사실	▶ 역사적인 예수님	5

전개	예수님의 고난⑴	▶ '예수님의 이 땅에 오심' 그 자체가 고난임을 설명하기	10
	예수님의 십자가와 죽으심 ⑵	▶ '예수님의 십자가의 못박혀 죽으심'의 의미 설명하기	10
정리	사도신경의 활용	▶ 인간의 죄의 크기를 생각해보기	5

● 도입: 5분

[활동] 예수님에 대한 사실

- 학생들과 예수님의 역사성에 대하여 자연스럽게 나누어본다.

● 전개: 20분

[교육] 예수님의 고난⑴

- [쉬운 개념 파트]를 통하여 학생들에게 '예수님의 이 땅에 오심' 그 자체가 고난임을 설명한다.
- 이 땅에서의 예수님의 고난에 대하여 학생들의 생각을 자연스럽게 나눈다.

3. [참고자료]를 통해서 각 주제의 내용을 좀 더 풍성하게 이해할 수 있도록 하였습니다.

[쉬운 실전 파트]를 통해서 수업을 진행할 때 추가적으로 함께 설명한다면 유익할 내용들을 [참고자료]의 형식으로 간략하게 소개하였습니다. 이를 통해서 교회학교 교사와 평신도 사역자는 수업시 핵심적인 이슈와 관련된 답을 명확한 근거에 따라 전달할 수 있게될 것이며, 한편으로는 학생들과의 대화거리가 많아지게 될 것입니다.

해당 [참고자료]가 모든 주제와 본문 내용들 속에 포함되는 것은 아니지만 주요한 개념들과 꼭 추가되어야 할 사항들에는 삽입해두었으니 활용하시길 추천 드립니다.

[참고자료] 예시

- **니케아 신조**(The Nicene Creed): 예수님이 창조된 피조물이라고 주장하였던 아리우스주의에 반대하며 325년 니케아 공의회에서 고백된 신앙고백입니다. 특별히 니케아 신조는 삼위일체에 대한 믿음을 표현하고 있으며, 예수님의 성육신, 죽음, 부활을 강조하고 입니다.

니케아 신조(The Nicene Creed, 325년)

우리는 한 분 전능하신 성부 하나님을 믿습니다. 그분은 이 세상의 보이고 보이지 않는 모든 것의 창조자이십니다.

우리는 한 분 주 예수 그리스도를 믿습니다. 그분은 하나님의 아들이시며, 성부로부터 나신 독생자 즉, 성부의 본질에서 나신 분이십니다. 그분은 하나님에게서 나신 하나님이시며, 빛에서 나신 빛이시요, 참 하나님에게서 나신 참 하나님이시며, 나셨으나 창조되신 분이 아니며, 성부와 동일본질이십니다. 오히려 그분을 통해서 만물 즉, 하늘과 땅에 있는 것들이 생겨났습니다. 그분은 우리 인간늘을 위하여 그리고 우리의 구원을 위하여 내려오셔서, 육신을 입으시고, 인간이 되셨습니다. 그분은 수난을 당하셨으나 사흘 만에 부활하셨습니다. 그분은 하늘에 오르셨고, 산 자들과 죽은 자들을 심판하러 오실 것입니다.

그리고 우리는 성령을 믿습니다.

그러나 성자가 계시지 않은 때가 있었다고 말하며 나시기 전에는 성자가 없었다고 말하는 자들, 그리고 무에서부터 그가 생겨났다고 말하거나 하나님의 아들이 다른 위격 혹은 본질에서 나왔다고 말하거나 변화할 수 있고 변할 수 있다고 말하는 자들은 보편적이고 사도적인 교회가 저주합니다.

사도
신경

나는 전능하신 아버지 하나님, 천지의 창조주를 믿습니다.
나는 그의 유일하신 아들, 우리 주 예수 그리스도를 믿습니다.
그는 성령으로 잉태되어 동정녀 마리아에게서 나시고,
본디오 빌라도에게 고난을 받아 십자가에 못 박혀 죽으시고,
장사된 지 사흘만에 죽은 자 가운데서 다시 살아나셨으며,
하늘에 오르시어 전능하신 아버지 하나님 우편에 앉아 계시다가,
거기로부터 살아있는 자와 죽은 자를 심판하러 오십니다.
나는 성령을 믿으며, 거룩한 공교회와 성도의 교제와 죄를 용서 받는 것과
몸의 부활과 영생을 믿습니다.
아멘

使徒信經

전능하사 천지를 만드신 하나님 아버지를 내가 믿사오며,
그 외아들 우리 주 예수 그리스도를 내가 믿사오니,
이는 성령으로 잉태하사 동정녀 마리아에게 나시고,
본디오 빌라도에게 고난을 받으사 십자가에 못박혀 돌아가시고,
장사한지 사흘만에 죽은자 가운데서 다시 살아나시사,
하늘에 오르사 전능하신 하나님 우편에 앉아 계시다가
저리로서 산 자와 죽은 자를 심판하러 오시리라.
성령을 믿사오며, 거룩한 공회와, 성도가 서로 교통하는 것과,
죄를 사하여 주시는 것과, 몸이 다시 사는 것과,
영원히 사는 것을 믿사옵나이다.
아멘

[쉬운 개념 파트]

왜 사도신경인가?: 사도신경의 의미

사도신경은 '우리가 무엇을 믿는가'를 직접적으로 다루고 있습니다. 우리의 신앙 선배들은 그리스도인과 교회가 믿고 있는 신앙을 핵심적으로 요약할 필요를 느꼈으며, 기독교인이 믿어야 할 신앙의 핵심적인 내용을 정리하고자 하였습니다. 그리고 새롭게 그리스도인이 되고자 하는 이들을 위한 교육과 이단을 분별하고 방지할 목적으로 신경을 작성하였습니다. 실제로 초대교회 그리고 2세기 교회는 신앙의 핵심적 사항들을 정리하기 시작하였으며, 어떤 이들은 이것을 '진리의 기준' 혹은 '신앙의 기준'으로 부르기도 하였습니다. 이러한 신경의 대표적인 자리에 있는 것이 바로 사도신경입니다.

우리가 잘 알고 있듯이 오늘날 확인할 수 있는 신조들은 신학적인 입장에 따라 다양한 형태를 확인할 수 있습니다. 하지만 가장 일반적이며 보편적으로 그 권위를 인정받고 있는 신조는 바로 니케아 신조, 칼케돈 신조 그리고 사도신경인 것입니다. 우리가 현재 고백하고 있는 이 사도신경은 가장 간략하지만 여러 신조들의 기본 요소들을 담고 있으며, 다른 신조들의 발전에 영향을 준 것으로 이해할 수 있습니다. 우리에게 있어 중요한 것은 현재 우리가 사용하고 있는 이 사도신경이 우리 신앙의 가장 핵심적 진리, 우리가 믿고 있는 내용에 대한 핵심적 사항을 담고 있다는 것입니다. 예를 들어 어떤 사람이 "당신은 무엇을 믿고 있소?" 혹은 "신앙생활은 무엇을 믿는 것이오?"라는 질문을 한다면 여러분들은 "사도신경에 담겨있는 내용들을 믿습니다."라고 대답할 수 있으며, 사도신경에 담겨 있는 내용을 설명해도 괜찮을 것입니다.

이 사도신경은 우리의 신앙과 기독교 진리를 가장 잘 요약하고 있으며, 핵심을 담고 있습니다. 이것이 사도신경을 우리가 묵상해야 할 근본적인 이유이며, 다음세대에게 가르쳐야 할 이유입니다. 그래서 사도신경을 부정하거나 그것이 무가치하다고 주장하는 사람이 있다면 그 사람은 기독교의 핵심진리를 부정하는 것입니다. 그럼 본격적으로 사도신경을 살펴보도록 하겠습니다. 우리가 사도신경의 구체적인 사항들을 살펴보고, 그것을 제대로 이해하기 위해서는 사도신경의 구조를 파악하는 것이 선행되어야 합니다.

사도신경의 구조: 삼위일체

사도신경의 구조적인 특징에서 우리의 관심을 가장 많이 끄는 것은 바로 삼위일체적인 구조입니다(우리 함께 사도신경을 읽고, 체크하면서 봅시다). 하이델베르크 요리문답 제24문에서는 '사도신경이 성부 하나님과 우리의 창조, 성자 하나님과 우리의 구속, 성령 하나님과 우리의 성화에 관한 것'으로 나누어진다고 하였습니다. 실제로 우리가 확인하듯이 서두는 성부 하나님, 그리고 성자 예수님에 대하여서 상당 부분을 다루고 있으며, 마지막으로 성령 하나님에 대하여 다루면서 성령 하나님이 특별히 사역하시는 교회까지 언급하고 있습니다. 그리고 그 삼위일체적인 구조와 내용들은 다시 세부적으로 12항목으로 나눌 수 있습니다. 구체적으로 번호를 기재하면서 한번 확인해봅시다.

1) 전능하신 아버지 하나님 천지의 창조주에 대한 것
2) 그의 유일하신 아들 우리 주 예수 그리스도에 대한 것
3) 성령으로 잉태되어 동정녀 마리아에게서 나신 것
4) 본디오 빌라도에게 고난을 받으시고 십자가에 못 박혀 죽으신 것
5) 장사한 지 사흘만에 죽은 자 가운데서 다시 살아나신 것

6) 하늘에 오르사 하나님 우편에 앉아 계신 것
7) 산 자와 죽은 자를 심판하러 오시는 것
8) 성령을 믿는 것
9) 거룩한 공교회와 성도 교제에 대한 것
10) 죄를 용서받는 것
11) 몸의 부활에 대한 것
12) 영생하는 것

이렇게 사도신경을 12항목으로 나누어보니 우리가 믿는 신앙의 핵심이 더욱 분명하게 다가옵니다. 우리가 무엇을 믿느냐 하는 것이 명확해집니다. 특이한 것은 이중에서 성자 예수님에 대한 비중이 매우 높은 것을 볼 있습니다. 전체 12항목 중에서 50%에 달하는 6가지, 2번에서 7번까지가 바로 예수님에 대한 것입니다. 즉, 우리가 믿는 예수님이 누구신가, 우리가 믿는 예수님은 어떤 분이신가에 집중하고 있습니다. 이러한 구성은 매우 흥미로우며, 이러한 이유에 대해서는 앞으로 차분하게 살펴볼 것입니다.

사도신경의 구조를 통해서 볼 때 우리는 삼위일체적 하나님을 믿고 있습니다. 우리가 '신앙생활을 한다'라고 할 때 이것을 토대로 나아갑니다. 그리고 사도신경에 고백하는 내용에 대하여 잘못된 견해와 다른 내용이 있다면 그것은 바로 정통적 신앙으로 볼 수 없으며, 사도신경의 전술한 기준들을 가지고 그것들을 분별할 수 있습니다. 이제부터 본격적으로 사도신경의 큰 구조 속에서 하나하나를 꼼꼼히 확인하고자 합니다.

[쉬운 실전 파트]

수업 목표
1. 이번 수업을 통해서 사도신경의 의미에 대하여 이해합니다.
2. 이번 수업을 통해서 사도신경의 구조에 대하여 이해합니다.

수업의 핵심: 교회학교 교사, 이것만 생각해보자!
본 수업은 사도신경의 의미와 구조가 무엇인가를 학습하고, 사도신경의 가치를 깨닫는 데 있습니다. 이를 위해 교회학교 교사는 아래와 같은 질문과 나눔을 수행할 수 있습니다.

1. 사도신경의 가치 : 사도신경의 가치에 대해서 생각해봅시다. 특별히 사도신경은 우리의 신앙과 기독교 진리를 가장 잘 요약하고 있으며, 핵심을 담고 있다는 측면을 중심으로 나누어 봅시다.
2. 삼위일체와 관련된 구조 : 사도신경의 구조는 어떻게 구성되어 있나요? 삼위일체 섞인 구조와 내용들을 중심으로 나누어 봅시다.
3. 12가지 항목 확인 : 사도신경의 구조를 확인하면서 내용을 구분해봅시다.

수업 로드맵

단계	핵심주제	학습내용	시간(분)
도입	사도신경과 교회 그리고 나	▶ 사도신경을 함께 읽으면서 느낌 말하기	5

전개	사도신경의 의미(1)	▶ 핵심교리의 필요성 소개하기 ▶ 대표적인 신조 소개하기	10
	사도신경의 구조(2)	▶ 삼위일체를 중심으로 구성된 큰 구조 ▶ 12가지 항목으로 구성된 작은 구조	10
정리	사도신경의 활용	▶ 사도신경이 가진 의미와 활용성 나누기	5

√ 도입: 5분

[활동] 사도신경과 교회 그리고 나

- 예배시간 활용하고 있는 사도신경 자료를 읽고, 수업에 참여한 학생들의 느낌을 자연스럽게 나누게 합니다.
- 습관적으로 사도신경을 외웠던 상황들을 소개하고, 그 의미를 알고 있는가를 질문합니다.

√ 전개: 20분

[교육] 사도신경의 의미(1)

- 사도신경의 의미를 소개하면서 핵심교리의 필요성과 대표적인 신조들을 안내합니다.

[교육] 사도신경의 구조(2)

- 사도신경의 구조를 소개하면서 삼위일체 및 12가지 항목으로 구성된 특징을 설명합니다.

√ 정리: 5분

[활동] 사도신경의 활용

- 학생들과 사도신경의 가치를 바탕으로 신앙생활에서 어떻게 활용될 수 있는가에 대하여 자연스럽게 나누며 정리합니다.

★참고자료

니케아 신조(The Nicene Creed): 예수님이 창조된 피조물이라고 주장하였던 아리우스주의에 반대하며 325년 니케아 공의회에서 고백된 신앙고백이다. 특별히 니케아신조는 삼위일체에 대한 믿음을 표현하고 있으며, 예수님의 성육신, 죽음, 부활을 강조하고 있다.

니케아 신조(The Nicene Creed, 325년)

우리는 한 분 전능하신 성부 하나님을 믿습니다. 그분은 이 세상의 보이고 보이지 않는 모든 것의 창조자이십니다.

우리는 한 분 주 예수 그리스도를 믿습니다. 그분은 하나님의 아들이시며, 성부로부터 나신 독생자 즉, 성부의 본질에서 나신 분이십니다. 그분은 하나님에게서 나신 하나님이시며, 빛에서 나신 빛이시요, 참 하나님에게서 나신 참 하나님이시며, 나셨으나 창조되신 분이 아니며, 성부와 동일본질이십니다. 오히려 그분을 통해서 만물 즉, 하늘과 땅에 있는 것들이 생겨났습니다. 그분은 우리 인간들을 위하여 그리고 우리의 구원을 위하여 내려오셔서, 육신을 입으시고, 인간이 되셨습니다. 그분은 수난을 당하셨으나 사흘 만에 부활하셨습니다. 그분은 하늘에 오르셨고, 산 자들과 죽은 자들을 심판하러 오실 것입니다.

그리고 우리는 성령을 믿습니다.

그러나 성자가 계시지 않은 때가 있었다고 말하며 나시기 전에는 성자가 없었다고 말하는 자들, 그리고 무에서부터 그가 생겨났다고 말하거나 하나님의 아들이 다른 위격 혹은 본질에서 나왔다고 말하거나 변화할 수 있고 변할 수 있다고 말하는 자들은 보편적이고 사도적인 교회가 저주합니다.

니케아-콘스탄티노플 신조(The Nicene-Constantinople Creed, 381년)

우리는 한 분 전능하신 성부 하나님을 믿습니다. 그분은 하늘과 땅과 이 세상의 보이고 보이지 않는 모든 것의 창조자이십니다.

우리는 한 분 주 예수 그리스도를 믿습니다. 그분은 모든 세대 이전에 성부에게서 나신, 하나님의 독생자이십니다. 그분은 빛에서 나신 빛이시요, 참 하나님에게서 나신 참 하나님이시며, 성부와 동일본질이시며, 나셨으나 창조되신 분이 아닙니다. 오히려 그분을 통해서 만물이 생겨났습니다. 그분은 우리 인간들을 위하여 그리고 우리의 구원을 위하여 하늘로부터 내려오셔서, 성령의 능력으로 동정녀 마리아에게서 육신을 입으시고, 인간이 되셨습니다. 그분은 우리 때문에 본디오 빌라도 치하에서 십자가형을 받아, 수난을 당하고 묻히셨으나, 성경대로 사흘 만에 부활하셨습니다. 그분은 하늘에 올라 성부의 오른편에 앉아 계십니다. 그분은 산 자들과 죽은 자들을 심판하러 영광 가운데 다시 오실 것입니다. 그리고 그분의 나라는 끝이 없을 것입니다.

우리는 주님이시며, 생명을 주시는 성령을 믿습니다. 그분은 성부로부터 나오시는 분이시며, 성부와 성자와 더불어 예배와 영광을 받으시고, 예언자들을 통하여 말씀하신 분이십니다.

우리는 하나의 거룩하고 보편적이며 사도적인 교회를 믿습니다. 우리는 죄를 용서하는 한 세례를 고백합니다. 우리는 죽은 자들의 부활과 장차 올 세대의 생명을 기다립니다. 아멘.

★참고자료

칼케돈 신조(The Creed of Chalcedon): 예수님의 신성과 인성과 관련된 논쟁 속에서 451년 칼케돈 회의를 통해서 예수 그리스도가 완전한 신성의 하나님이시며, 완전한 인성을 가진 참 사람이심을 확증하였다.

칼케돈 신조(The Creed of Chalcedon, 451년)

 그러므로 우리는 거룩한 교부들을 따라, 모두 한 목소리로, 한 분이시며 동일하신 성자 우리 주 예수 그리스도를 사람들이 이렇게 고백하도록 가르친다.

 그분은 신성에 있어서 완전하시며, 인성에 있어서도 완전하시며, 참 하나님이시며 참 사람이시며, 이성이 있는 영혼과 몸을 가지신 분이시다. 신성을 따라서는 성부와 동일본질이시며, 인성을 따라서는 우리와 동일본질이시다. 모든 면에서 우리와 같으시지만 죄는 없으시다. 신성을 따라서는 성부로부터 모든 세대 전에 태어나셨지만, 인성을 따라서는 이 마지막 날에 우리와 우리의 구원을 위하여 하나님의 어머니인 동정녀 마리아에게서 나셨다.

 오직 한 분이신 그 동일한 그리스도, 성자, 주님, 독생자는, 혼합되지 않고 변화되지 않고 분리되지 않고 고립되지 않는 두 본성을 가지셨다. 두 본성이 연합되어 있다고 해서 구분 자체가 사라지는 것은 결코 아니다. 오히려 각각의 본성의 고유한 속성이 유지된 채 한 인격과 한 실체 안에서 공존하고, 두 인격으로 나눠지지 않으며, 오직 한 분이신 그 동일한 성자, 독생자, 말씀이신 하나님, 주 예수 그리스도이시니, 이는 선지자들이 처음부터 그분에 대해 가르쳤던 것이고, 주 예수 그리스도께서 몸소 우리에게 가르치신 것이며, 거룩한 교부들의 신경이 우리에게 전하여 준 것이다.

★참고자료의 '니케아 신조'와 '칼케돈 신조'는 고신대학교 우병훈 교수님의 신조학 강좌의 헬라어 번역본을 중심으로 소개하였으며, 다양한 형태의 신조와 그 역사성에 대해서는 필립 샤프(Philip Schaff)의 「The Creeds of Christendom(Volume 1~3)」을 추천하는 바이다.

> **[쉬운 개념 파트]**

그분을 고백한다는 것의 의미:
나는 전능하신 아버지 하나님, 천지의 창조주를 믿습니다

가장 먼저 '나는 전능하신 아버지 하나님, 천지의 창조주를 믿습니다'입니다. 여기에서는 두 가지 개념에 집중해야 합니다. 첫 번째는 고백하는 주체입니다. 그리고 두번째는 그 고백의 대상입니다.

먼저 고백하는 주체입니다. 우리는 예배 시 사도신경으로 신앙을 고백합니다. 예배 인도자가 교회에서 "사도신경을 읽겠습니다"라고 말하지 않고 "사도신경으로 신앙을 고백하겠습니다"라고 합니다. 생각을 해보십시오. 우리는 공예배 시 '사도신경으로 신앙고백하겠습니다'라고 합니다. '사도신경을 읽겠습니다'라고 하지 않습니다. 이것은 매우 의도적인 것이며, 깊은 의미가 담겨 있습니다. 과거에 우리가 사용하였던 사도신경에서는 '전능하사 천지를 만드신 하나님 아버지를 내가 믿사오며'로 사용하였지요. 그런데 최근에 우리가 사용하고 있는 사도신경은 '나는 전능하신 아버지 하나님, 천지의 창조주를 믿습니다'로 사용하고 있습니다. '나는'이 앞으로 나와 있습니다. 이것은 원문 번역적인 측면에서 매우 합당한 것입니다. 새번역이 소개되었을 때에는 어색하고 입에 잘 붙지 않아 고생하였지만 '나'라는 것이 앞으로 나와 있어 사용할수록 '더욱 합당하다'라는 생각이 듭니다. 왜냐하면 바로 이 번역본이 개인적 고백을 더욱 강조하고 있기 때문입니다. 즉, 개인적이고, 나의 시점에서 고백의 맥락을 더욱 강조한 형태이기 때문입니다. 사도신경을 고백하는 주체는 바로 나 자신, 바로 나 개인인 것입니다.

우리가 사도신경을 고백할 때, 특히 공예배에서 모든 성도가 모인 자리에서, 모든 성도들 전체가 고백할 때 어떻게 사도신경을 고백합니까? 예를 들어 '우리는 전능하신 아버지 하나님, 천지의 창조주를 믿습니다'라고 합니까? 아닙니다.

우리는 그렇게 하지 않습니다. 어떻게 합니까?

바로 '나는! 나는 전능하신 아버지 하나님, 천지의 창조주를 믿습니다'라고 합니다. 라틴어 원문은 'Credo: 내가 믿는다, 내가 믿습니다'라고 고백합니다. '나는, 나는'이라고 강조합니다. '우리'가 믿는다 하지 않고 '내가' 믿는다고 합니다.

하나님에 대한 신앙 고백은 우리 각 개인이, 지극히 개인적으로 그 하나님을 인식하고, 지극히 개인적으로 그분을 느끼고, 지극히 개인적인 만남을 통해서 나아갑니다. 제 아무리 뛰어나고 제 아무리 엄청난 사람일지라도 이 지극히 개인적인 고백과 인격적인 고백이 없이는 교회 공동체에 들어올 수도 없고, 속할 수 없습니다. 하나님 앞에서 지극히 개인적인 이 고백이 없이는 신앙 공동체의 예배에 들어올 수 없습니다. 이 얼마나 감사한 일입니까. 비참한 죄인인 우리가, 거룩하신 하나님 앞에 설 수 없는 우리가, 이 예배의 자리에 속하여서 개인적 신앙을 고백하는 것입니다. 이 자체가 하나님의 전적인 은혜입니다. 하나님의 놀라운 자비입니다.

한편, 내가 '믿는다'고 할 때 그 믿음은 무엇입니까? 단순하게 피상적인 의견 정도로 너무는 것입니까? 아닙니다. 그러한 수준에 머물지 않습니다. 그렇다면 우리가 알고 있는 믿음은 어떤 수준입니까? 용기 있게 그것을 신뢰하고 달려가는 것이며, 모든 것을 맡기고 의지하고 신뢰하는 것입니다. 그게 믿는 것입니다. 성경에서 볼 수 있는 많은 믿음의 내용을 보십시오. 그 믿음의 성질을 살펴보십시오. 일일이 여기서 그 내용을 살펴보고 논증하지 않더라도 우리가 너무나도 잘 알고 있는 내용입니다. 또한 우리가 평상시에 '나는 당신을 믿습니다'라고 할 때 그 의미는 무엇입니까? '내가 대충 너를 그럭저럭 생각한다'의 그런 의미입니까? 아닙니다. 어떤 상황 속에서도 '당신을 신뢰하고, 의지한다'는 의미입니다.

이해가 되시지요? '나는 전능하신 아버지 하나님, 천지의 창조주를 믿습니다'라고 할 때 우리는 내 삶을 담아 엄청난 무게감으로 고백해야 합니다. 실제로 초대교회를 생각해보십시오. 사도신경은 세례를 받기 원하는 사람에게 세례문답용 교리로도 사용되었습니다. 세례를 받기 원하는 사람은 기독교의 가장 기본적인 신앙을 믿어야만 했습니다. 오늘날에도 그 전통 속에서 동일하게 이루어집니다. 우리가 질문을 통해서 신앙의 핵심을 질문하면 답변자는 어떻게 합니까? '그것을 나는 믿습니다'라고 고백니다. 단순히 답을 말하는 것이 아니라 자신의 삶을 관통한 전인격에서 우러나오는 고백입니다. 이것이 바로 Credo의 '나는 믿습니다'의 의미입니다.

그 고백의 대상은 놀라운 분: 나는 전능하신 아버지 하나님, 천지의 창조주를 믿습니다

두 번째로 그렇다면 내가 믿는다고 할 때 그 믿음의 대상은 어떤 분이며, 누구입니까? 바로 '전능하신 아버지 하나님, 천지의 창조주'입니다. 창세기 1장 1절은 그 하나님을 극명하게 드러냅니다. 창세기 1장 1절은 '태초에 하나님이 천지를 창조하시니라'고 말씀합니다. 아주 강하게 하나님의 창조주되심을 선포합니다. 그리고 성경은 그 의미를 강조하기 위해서 특별한 단어들을 몇 가지 사용합니다. 바로 창조, 천지, 태초입니다. 이것은 누구에게나 아무에게나 편하게 사용할 수 있는 단어들이 아닙니다.

왜 그런지 한번 살펴보겠습니다. 우선 창조입니다. '창조하시니'라는 히브리어 '바라'는 동사로서 정확한 용례는 '그가 창조하셨다'입니다. '그가 창조하셨다' 이는 그 용법 자체가 이미 하나님께서 창조의 주체임을, 창조의 주어임을 강조하는 것입니다. 그리고 그 하나님이 창조의 주체이시기에 그는 어떤 것, 무언가로부터 창조되신 분이 아님을 아주 명확하고 강력하게 담고 있습니다.

그리고 바로 '하샤마임 웨에트 하아레츠' 하늘과 땅을 창조하셨습니다. 이는 2절에 나오는 땅과 같이 통상적인 땅 혹은 하늘이 아닙니다. 이는 광활한 '전 우주' 그리고 하늘과 땅으로 상징되는 '질서정연한 전체'를 의미하는 것입니다. 바로 온 우주와 온 만물을 말합니다.

또한 만물을 창조하신 그 시점은 더욱 그의 전능하심을 나타냅니다. 바로 '레쉬트' 태초입니다. 처음 그 자체입니다. 그 처음에 천지를 창조하신 것입니다. 그것을 창세기 1장 1절은 선포하듯이 그리고 장엄하게 하나님이 어떤 분인가를 분명하게 제시합니다.

하나님은 천지를 창조하신 분입니다. 빛을 창조하셨습니다. 하늘을 창조하셨습니다. 바다와 육지를, 해와 달과 별을, 각종 물고기와 각종 새를, 짐승과 가축을 그리고 우리를 창조하셨습니다. 우리는 창세기 1장 1절만을 보았지만 창세기에 기록된 이 모든 창조의 기사는 하나님의 능력과 위엄 그리고 그 하나님의 전능하심을 보여주는 말씀입니다. 그러므로 우리가 사도신경에서 '나는 전능하신 아버지 하나님, 천지의 창조주를 믿습니다'라고 할 때 이 창조주 하나님에 대한 믿음의 고백입니다. 하나님이 전능하신 분임을 믿는 것입니다. 우리와는 구별되는 창조주이심에 대한 믿음입니다. 하나님은 절대적이시며 우리와 같은 피조물과는 다른 분이심에 대한 믿음입니다. 이 놀라운 믿음과 고백은 이것을 믿지 않거니, 고백히지 않는 이들과는 엄청난 차이를 만들어 냅니다. 왜냐하면 온 세상과 인간에 대한 관점을 완전히 달리 하기 때문입니다.

우리의 이 믿음과 동일한 믿음을 가지고 고백했던 인물들은 성경에서 너무나 많습니다. 대표적으로 사도행전 17장 24-25절입니다.

> 24 우주와 그 가운데 있는 만물을 지으신 하나님께서는 천지의 주재이시니 손으로 지은 전에 계시지 아니하시고
> 25 또 무엇이 부족한 것처럼 사람의 손으로 섬김을 받으시는 것이 아니니 이는 만민에

바울의 유명한 '아덴에서의 선포'입니다. 바울도 이 천지의 창조주를 알고 있었습니다. 그도 그 하나님을 믿고 있었으며, 담대히 그 믿음을 고백했습니다. 우리도 마찬가지로 바울이 고백하는 그 분을 믿습니다. 우리가 믿는 분은 바로 이런 분입니다. 만물을 지으신 분이며, 천지의 주재이십니다.

이를 인식하면서 필자를 더욱 눈물 나게 하고, 감사하게 하는 것이 무엇인 줄 아십니까? 필자가 정말 가슴이 먹먹할 정도로 감사한 것은 그분과의 관계입니다. 그 전능하신 분이, 그 절대적이신 분이, 그 천지의 주재이신 분이 우리에게 어떻게 다가오십니까? 어떤 관계로 정의합니까? '나는 전능하신 아버지 하나님' 바로 '아버지'로 정의됩니다.

그 전능하신 분이, 그 절대적이신 분이, 그 창조주이신 분이 나의 아버지이십니다. 이것이 기적입니다. 이것이 참된 축복입니다. 나 같은 죄인이, 우리 같은 더럽고 추한 인간이 천지의 주재이신 하나님을, 그 영광스러운 하나님을 너무나도 친밀하게 '아버지로, 아빠로' 고백하는 것입니다. 이건 정말 복된 것입니다. 다른 게 복이 아닙니다. 그 하나님이 나의 아빠이며, 나의 아버지로서 존재하시는 것입니다. 홀로 영광받으시기에 합당하신 그분이 우리를 양자 삼으셔서 아버지가 되어주셨습니다. 정말 든든합니다. 정말로 힘이 됩니다. 그 전능하신 하나님이 나의 아버지시다는 것을 떠올려보십시오.

아버지는 어떤 존재입니까? 저같이 부족한 사람도 저의 딸이 "아빠"라고 부를 때 얼마나 힘이 나는지 모릅니다. 하루 종일 사람에 치이고, 일이 잘 안 되고, 스트레스 받고, 저녁도 놓치고 늦게 퇴근해서 집에 올 때면 진짜 힘이 듭니다. '내일도 일찍 나가야 한다' 생각하면 가슴이 답답합니다. 터벅터벅 겨우겨우 엘리베이터에 몸을 실어 아파트 현관문 앞에 섭니다. 현관문의 비밀번호를 누릅니다. "띡! 띡!" 소리와 동시에 집안에서 제 딸이 저 인줄 알고 "아빠"하고 현관문으로 달려 옵니다. 그러면 그 아빠 소리와 달려오는 소리, 우당탕하는 소리 그 모든 소리가 현관문 밖에 있는 저에게 모두 생생하게 들립니다. 그때 하루 종일 쌓였던 모든 짐이 순식간에 사라짐을 느낍니다. 그리고 '내가 진짜 이 아이를 위해서는 무엇이든지 해주겠다'. '내 자식을 위해서는 가장 좋은 것을 해 주겠다'고 생각합니다.

저 같이 부족한 사람도 '아버지'로서 그렇게 생각합니다. 하물며 사랑의 우리 하나님! 사랑의 우리 하늘 아버지! 독생자까지 아낌없이 주신 그 하나님께서 어떠하시겠습니까?

자신을 믿음으로 고백하는 자기의 자녀들에게 어찌 하시겠습니까? 우리들을 인도하실 것입니다. 우리들의 삶을 책임 져주실 것입니다. 우리를 가장 최상의 길로 인도해주실 것입니다. 그 하나님이 나의 인생을, 우리의 인간사를 섭리하신다고 할 때 그리고 그것을 믿을 때 어떻게 되겠습니까? 삶 가운데 어려움이 오고, 두려움이 생길 때 그분을 의지하여 이겨내는 것입니다. 다시 일어나는 것입니다. 삶의 문제 앞에 좌절과 포기는 없는 것입니다. 내 인생이 '하나님의 손에서 절대 떨어지지 않는다'는 말입니다. 그 하나님이 내 인생에 가장 BEST를 주신다 이 말입니다.

왜 그렇습니까? 그 하나님이 나의 아버지되시기 때문입니다. 우리의 아버지이시기 때문입니다. 그 하늘 아버지께 믿음으로 나아갑시다. 아버지 되신 그분께서 우리들을 인도하실 것입니다.

[쉬운 실전 파트]

수업 목표
1. 이번 수업을 통해서 개인적 고백의 의미에 대하여 이해합니다.
2. 이번 수업을 통해서 고백의 대상에 대하여 이해합니다.

수업의 핵심: 교회학교 교사, 이것만 생각해보자!
본 수업은 개인적 고백의 의미와 고백의 대상이 어떠한가를 학습하고, 사도신경의 가치를 깨닫는 데 있습니다. 이를 위해 교회학교 교사는 아래와 같은 질문과 나눔을 수행할 수 있습니다.

1. 고백의 의미 : 사도신경 내 고백의 주체로서 '나' 그리고 '신앙고백'의 의미에 대해서 생각해봅시다.

2. 고백의 대상 : 고백의 대상이 되는 하나님은 어떤 분이십니까? 그 하나님을 진심으로 믿고 섬기고 있습니까?

3. 하나님 아버지 : '아버지'되시는 하나님에 대하여 깊이 묵상해봅시다.

수업 로드맵

단계	핵심주제	학습내용	시간(분)
도입	고백	▶ 진심을 담아 고백한다는 것이 어떤 의미인지 나누기	5

전개	개인적 고백의 의미(1)	▶ 개인적 고백의 의미 ▶ 하나님과 공동체 앞에서 내가 진심을 담아 고백한다는 것	10
	고백의 대상(2)	▶ 하나님의 영광과 전능하심을 기억하기	10
정리	사도신경의 활용	▶ 매주일 사도신경을 고백할 때의 자세 ▶ 나의 하나님께서 인도해주심을 기억하기	5

√ 도입: 5분

[활동] 고백

- 성경공부 시간 학생들과 인간 관계 속에서 진심을 담아 고백한 적이 있는가를 자연스럽게 나눕니다.

√ 전개: 20분

[교육] 개인적 고백의 의미(1)

- 개인적 고백의 의미를 담아 사도신경을 고백할 것을 강조합니다.
- 하나님과 공동체 앞에서 내가 진심을 담아 고백한다는 것의 의미를 설명합니다.

[교육] 고백의 대상(2)

- [쉬운 개념 파트]를 통하여 학생들에게 하나님의 영광과 전능하심의 의미를 설명합니다.
- 사도행전 17장 24-25절을 읽고 내용을 설명하거나, 그 외 성경 본문을 통해서 하나님의 영광과 전능하심을 학습합니다.

★ 사도행전 17장 24-25절

24 우주와 그 가운데 있는 만물을 지으신 하나님께서는 천지의 주재이시니 손으로 지은 전에 계시지 아니하시고

25 또 무엇이 부족한 것처럼 사람의 손으로 섬김을 받으시는 것이 아니니 이는 만민에게 생명과 호흡과 만물을 친히 주시는 이심이라

√ 정리: 5분

[활동] 사도신경의 활용
- 사도신경을 고백할 때 가져야 할 태도는 어떠해야 할 것인가를 자연스럽게 나눕니다.
- 전능하신 하나님께서 자신의 아버지되심의 의미를 자연스럽게 나눕니다.

? [쉬운 개념 파트]

하나님의 유일한 아들이신 예수님:
나는 그의 유일하신 아들, 우리 주 예수 그리스도를 믿습니다

사도신경의 내용 중에서 가장 많은 부분을 차지하는 것이 바로 예수님에 대한 고백입니다. 실제로 성자 예수님에 대한 비중이 매우 높은 것을 볼 있습니다. 전체 12개 항목 중에서 50%에 달하는 6가지, 2번에서 7번까지가 바로 예수님에 대한 것입니다. 사도신경의 절반이 예수님에 대한 고백입니다. 2번에서 7번까지는 다시 2부분으로 나눌 수 있습니다. 전반부와 후반부로 나누는 것인데요. 전반부 '예수님은 누구신가, 예수님의 정체성'에 대한 것과 후반부 '예수님은 어떠한 사역을 하셨는가'로 나눌 수 있습니다. 즉, 2번이 예수님의 정체성에 대한 신앙고백이며, 3번은 예수님의 탄생, 4번은 예수님의 죽음, 5번은 예수님의 부활, 6번은 예수님의 승천, 7번은 예수님의 재심과 심판의 사역과 관련된 것입니다.

예수님에 대한 분량이 많은 것은 그 만큼 우리 신앙에 있어 예수님에 대한 고백과 인식이 중요하다는 것을 의미합니다. 그리고 그것에 대한 이해가 정통 기독교 신앙을 파악하는 기준이 됩니다. 만약 예수님에 대하여 다른 이해을 가진다면 우리의 신앙은 근본 자체가 흔들립니다. 예수님의 정체성, 예수님의 탄생, 예수님의 죽음, 부활, 승천, 그리고 재림이 결국 우리 신앙의 뿌리이지 않습니까? 이것들 중 하나라도 부정한다든지 혹은 이것들 중 하나라도 다르게 인식하고 해석하고 받아들이는 이들이 있다면 우리는 그들과 함께 신앙을 공유할 수 없습니다.

이제 우리가 살펴보고자 하는 부분은 예수님에 대한 것 중 전반부에 해당하는 '예수님은 누구신가? 예수님의 정체성은 무엇인가?'에 대한 사항입니다. 사도신경의 두 번째 라인은 '나는 그의 유일하신 아들, 우리 주 예수 그리스도를 믿습니다' 입니다. 두 번째 라인에서 우리가 집중해야 하는 것은 앞서 말씀을 드렸듯이 과연 예수님이 누구이신가 하는 것입니다. 사도신경에서 이야기하는 예수님은 누구이십니까?

첫째, 예수님은 하나님의 유일하신 아들입니다.
둘째, 예수님은 그리스도이십니다.
셋째, 예수님은 우리의 주님이십니다.

먼저 예수님은 하나님의 유일하신 아들입니다. '예수님이 누구이신가'와 '예수님의 정체성은 무엇인가'라고 했을 때 가장 먼저 나와야 하는 고백이 예수님께서는 하나님의 아들이며 그것도 유일하신 아들이라는 것입니다. 이것을 가장 잘 표현한 용어가 바로 '하나님의 독생자'일 것입니다. 예수님은 하나님의 독생자이십니다. 이는 예수님께서 삼위일체 하나님 중 한 분임을 고백하는 것입니다. 또한 이는 예수님께서 영원 전부터 계셨으며, 하나님 아버지와 동일한 본성을 지니신 존재라는 것을 의미합니다. 창조 전부터 예수님은 하나님의 아들이셨으며, 예수님은 하나님의 영원한 아들이십니다. 그는 하나님 아버지와 똑같은 신성을 지니신 하나님의 아들이신 것입니다.

예수님이 하나님의 독생자로 불리시는 것은 그가 하나님과 함께 신성과 영광과 존귀를 영원 전부터 똑같이 지니고 있다는 것을 의미합니다. 그는 삼위 하나님 중 한 분이십니다. 실제로 우리 주님께서도 하나님을 '내 아버지로'라고 하시고 나는 그의 '아들'이라고 하실 때 자신의 정체성에 대하여 본질적으로 통일성이 있음을 말씀하셨습니다. 요한복음 10장 30절과 38절입니다.

30 나와 아버지는 하나이니라 하신대
38 내가 행하거든 나를 믿지 아니할지라도 그 일은 믿으라 그러면 너희가 아버지께서 내 안에 계시고 내가 아버지 안에 있음을 깨달아 알리라

우리 주님께서도 말씀하셨듯이 이는 가장 온전한 연합이며 통일성입니다. 이와 관련하여 합동신학대학원의 이승구 교수님께서 참으로 쉽게 잘 설명을 해주셨습니다. 다음은 이승구 교수님의 글입니다.

> "예수님께서 자신을 하나님의 아들이라고 하셨을 때 그 말은 그저 그분이 언약 백성의 한 부분이라든지, 큰 직임을 감당할 분이라든지 그런 뜻으로 사용하신 것이 아닙니다. 자신이 하나님이심을 의식하면서, 성부에 대해 성자의 관계에 계신 분이심을 드러내시어 사용하신 독특한 말입니다. 이런 의미에서 하나님의 아들이라는 말은 삼위일체적인 아들됨을 의미합니다(이승구, 「사도신경」 2013: 119, SFC)"

조금 이해가 되시지요. 예수님이 누구이신가 그리고 그 정체성에 대하여 이해가 되실 것입니다. 그런데 이제 그것은 이해가 되는데 우리 자신과 관련하여 궁금증이 하나 생길 것입니다.

바로 그럼 '나는 무엇인가?'하는 것입니다. 지금은 나도 하나님의 자녀이고 아들인데, 그리고 우리 모두 하나님의 자녀인데 왜 예수님만이 '하나님의 독생자'로 불리냐는 것입니다. '나도 독생자가 될꺼야'라고 생각하는 것입니다.

그러나 그것은 잘못된 생각입니다. 그의 정체성은 죄의 본성을 지니고 있는 우리와 확연히 다릅니다. 우리는 하나님의 뜻을 따라 은혜에 의해 하나님의 자녀로 받아들여진 존재이기에 그분과는 완전히 다릅니다.

여기에 대해서 하이델베르크 요리문답 33문은 정확하게 이야기해주고 있습니다. 하이델베르크 요리문답 33문입니다. '우리 역시 하나님의 자녀인데 왜 그분이 하나님의 독생자로 불립니까?' 이에 대한 답은 '왜냐하면 오직 예수 그리스도만이 하나님의 영원한 본성적 아들이시고 우리는 하나님의 뜻을 따라 은혜에 의해 하나님의 자녀로 받아들여졌기 때문입니다.'

그렇습니다. 우리도 자녀이지만 예수님과는 정체성이 다릅니다. 예수님은 하나님의 영원한 본성적 아들이시며 유일하고 독특한 존재이십니다. 이것은 결국 예수님이 삼위일체 하나님 가운데 한 분이시라는 것입니다. 우리는 이것을 예수님의 정체성으로 바라보는 것입니다.

왕, 선지자, 제사장이신 예수님:
나는 그의 유일하신 아들, 우리 주 예수 그리스도를 믿습니다

두 번째로 예수님은 그리스도이십니다. 이는 사도행전 2장 36절에서 확인할 수 있습니다. 사도행전 2장 36절은 베드로의 오순절 설교의 핵심적인 구절입니다. 우리가 잘 알고 있듯이 당시 제자들의 방언과 변화에 대해 사람들은 조롱 하였습니다(행 2:13). 이에 대하여 베드로는 그러한 오해를 깨뜨리기 위해 강력하게 말씀을 선포하였는데 바로 14절부터 확인할 수 있습니다.

사도행전 2장 36절은 베드로의 설교 중 그리스도에 대한 내용을 담고 있는 부분이며, 그 핵심은 예수님께서 그리스도란 사실임을 강력하게 선포하는 대목입니다. 실제로 베드로의 설교는 14-40절까지이며, 베드로는 설교의 상당부분을 예수님의 그리스도 사역에 집중하고 있습니다. 구체적으로 구분하면 17-21절은 성령의 강림에 대해서입니다. 37-40절은 회개하고 죄 사함에 대한 메시지입니다. 그리고 나머지 22-36절까지는 예수님의 그리스도로서 그리고 이후에 살펴볼 주님으로서의 사역과 생애를 강조하고 있습니다.

그렇다면 베드로가 강조하고 있는 그리스도란 말은 무엇입니까? 우리가 잘 알고 있듯이 그리스도란 의미는 '기름부음 받은 자'입니다. 기름부음 받은 자는 어떤 이들이며, 그 기름은 누구에게 부어지는 것입니까?

구약시대 기름부음은 왕에게, 선지자에게, 제사장에게만 허락되었습니다.

왕은 무엇입니까? 하나님을 대신하여 사람들을 다스리는 자입니다. 선자자는 무엇입니까? 하나님을 대신하여 사람들에게 하나님의 말씀을 선포하는 자입니다. 마지막으로 제사장은 무엇입니까? 사람들을 대신하여 하나님께 그들의 죄를 용서 받게 하기 위해 제물을 드리는 사람입니다.

따라서 예수님께서 그리스도라는 의미는 그가 왕으로서, 그가 선지자로서, 그가 제사장으로서의 역할을 동시에 하시는 분이라는 것입니다. 그리스도이신 예수님께서 우리를 다스리시는 왕이십니다. 그분 만이 진정한 왕 되십니다. 과거 구약의 많은 이스라엘 왕은 그 분의 왕 되심을 예표했던 것일 뿐 입니다. 예수 그리스도만이 이 땅위에 하나님 나라를 확장하시고 그 나라를 다스리시는 왕이시라는 의미입니다. 우리는 그분의 통치 안에서 살아가는 것입니다.

그리고 그리스도이신 예수님께서는 참되시고 완벽한 선지자이십니다. 구약시대에 많은 선지자들이 있었지만 선지자되신 예수님만이 하나님의 계획과 뜻을 온전히 계시해주셨습니다. 복음서의 수많은 장면들을 살펴보십시오. 예수님께서 가르치신 내용은 오늘을 살아가는 우리들에게 여전히 유효합니다. 우리가 끊임없이 예수님의 메시지에 집중해야 할 이유가 여기에 있습니다.

또한 그리스도이신 예수님께서는 제사장 되십니다. 예수님께서는 자신의 몸으로 유일한 희생제사를 드리셨습니다. 히브리서 9장 26절입니다. '자기를 단번에 제사로 드려 죄를 없게 하시려고 세상 끝에 나타나셨느니라' 그리스도의 희생의 제사만이 죄를 없애는 유일한 제사입니다. 그러므로 그리스도의 희생 제사 이외에 다른 어떤 것을 의존해서 하나님께 나아갈 수 없습니다. 그리고 그리스도의 그 희생 제사가 부족하거나 불충분하다고 생각하는 것은 예수님의 그리스도 되심을 부정하는 것입니다. 그의 희생제사는 완벽합니다. 그의 희생제사는 영원한 제사입니다. 또한 그리스도께서 우리의 제사장 되신다는 것은 지금도 살아계셔서 우리를 위하여 중보 하신다는 것을 의미합니다. 히브리서 7장 24-25절은 이렇게 말씀합니다.

'예수는 영원히 계시므로 그 제사 직분도 갈리지 아니하시나니 그러므로 자기를 힘입어 하나님께 나아가는 자들을 온전히 구원하실 수 있으니 이는 그가 항상 살아가서 저희를 위하여 간구하심이니라'(히 7:24-25)

예수님은 그리스도이십니다. 그는 우리의 절대적인 왕이시고, 우리의 참된 선지자시고, 우리의 영원한 대제사장이십니다. 지금 우리가 '예수님은 그리스도이십니다'라고 고백하는 것은 이러한 맥락에서 예수님께서 참된 왕으로서, 선지자로서, 제사장으로서 교회와 세상을 다스리고 계신 분이라고 믿고 진실로 고백하는 것입니다.

큐리오스! 예수님:
나는 그의 유일하신 아들, 우리 주 예수 그리스도를 믿습니다

셋째로 예수님은 우리의 주님이십니다. 주님이라는 말은 일반적으로 종이 주인을 부르는 존칭입니다. 그리고 역사적으로 주라는 말은 신들에 대한 일반적인 명칭이었습니다. 그러므로 로마시대에 로마 황제를 신격화하기 위하여 그들을 '주'로 부르기도 한 것입니다. 즉, 그 백성들이 로마 황제를 신처럼 여기고 숭배한 것입니다. 예수님의 주 되심, 헬라어로 '큐리오스' 되심을 가장 대표적으로 선포한 이가 조금 전 살펴본 베드로입니다. 우리가 앞서 살펴보았듯이 베드로는 오순절 설교를 통해서 예수님의 주 되심을 명확하게 선포하였습니다. 사도행전 2장 36절입니다. '그런즉 이스라엘 온 집은 확실히 알지니 너희가 십자가에 못 받은 이 예수를 하나님이 주와 그리스도가 되게 하셨느니라 하니라' 베드로는 예수님의 부활 승천 후 예수님이 왕이시며 주인 되심을 명확하게 선포한 것입니다.

이에 대해서 박윤선 박사님께서는 예수님께서 부활 승천하시기 전에도 그분께는 '주'란 칭호가 마땅하셨지만 부활 승천하신 뒤 그 칭호는 받으시기에 더욱 합당하다고 본문을 해석하셨습니다. 저도 박윤선 박사님의 해석에 동의합니다. 참으로 예수님께서는 '큐리오스' 호칭에 합당하신 분입니다. 그러므로 지금 우리가 예수님을 주님이라 부르는 것은 무엇을 의미합니까? 예수님이 나의 왕이시며, 나의 주인이시라는 것을 고백하는 것입니다.

예수님을 주님으로 고백하는 사람은 자신의 삶의 모든 영역에서 예수님의 주 되심을 드러내야 합니다. 예수님의 주 되심을 선포해야 합니다. 그것이 마땅한 것이 아니겠습니까? 예수님을 주님이라 고백하는 사람이 어찌 나의 생명, 나의 재능, 나의 시간과 물질을 아까워하면서 살아가겠습니까? '예수님을 주님이라 믿습니다' 그것을 Credo하는 사람이 어찌 그것을 부정하며 살겠습니까? 만약 누군가가 그러한 삶을 살아간다면 그것은 분명 불신앙일 것입니다. 만약 누군가가 그것대로 살지 않는다면 온전히 주님을 주님으로 섬기지 못하는 것임을 의미합니다. 우리들은 어떠합니까? 예수님을 주님으로 고백하지만 삶으로 그것을 드러내고 선포하며 살고 있습니까? 이 엄중한 질문을 우리는 자신에게 던져보아야 할 것입니다.

저도 예수님을 주로 고백하지만 그렇게 살아가지 못하는 것 같습니다. 내 것을 아까워하며, 내 시간을 온전히 주님께 바치지 못하는 것 같습니다. 그럼에도 늘 끊임없이 다짐하며 일어서며 살아가야 하는 것이 우리의 신앙일줄 압니다. 그런 삶을 살아갈 때 어떠한 결과가 나타납니까? 사도행전 2장 37절입니다. '그들이 이 말을 듣고 마음에 찔려' 그들이 이 말을 듣고 마음에 찔려 주께로 나아오는 것입니다. 주 되심의 강력한 선포를 듣고 자신들의 허물과 죄를 깨닫고 회개함으로 나아오는 것입니다.

예수님을 주로 고백하십니까?, 예수님을 주님으로 인정하십니까? 그렇다면 그에 준하는 삶을 살아가시고, 그에 준하는 신앙생활을 하시고, 그에 준하여 교회를 섬기시기 바랍니다. 그것이 합당합니다. 그것이 주로 고백하는 이들에게 바른 것입니다. 우리는 예수님을 주로 고백하는 이들입니다. 반드시 기억하십시오. 우리는 예수님을 주인으로 모시고 살아가는 이들입니다.

[쉬운 실전 파트]

수업 목표
1. 이번 수업을 통해서 예수님은 어떤 분이신가에 대하여 이해합니다.

수업의 핵심: 교회학교 교사, 이것만 생각해보자!
본 수업은 예수님이 어떤 분이신가를 학습하며, 이를 위해 교회학교 교사는 아래와 같은 질문과 나눔을 수행할 수 있습니다.

1. 구조의 특성 : 사도신경의 구조에서 특이한 점은 무엇입니까? 특별히 예수님에 대한 고백의 비중이 매우 높음을 고려하면서 나누어 봅시다.
2. 예수님과 교사 : 예수님은 교회학교 교사인 여러분들에게 어떤 분이십니까?
3. 하나님의 유일하신 아들 : 예수님은 하나님의 유일하신 아들이라는 것에 대해서 생각해봅시다.
4. 그리스도 : 예수님이 '그리스도'이신 것에 대해서 생각해봅시다.
5. 주되심 : 예수님이 우리의 '주' 되심에 대해서 생각해봅시다.

수업 로드맵

단계	핵심주제	학습내용	시간(분)
도입	예수님은 어떤 분이신가요?	▶ 예수님을 생각하면 어떤 개념과 이미지들이 생각나는지 나누기	5
			10[1]
전개	유일하신 아들과 예수님(1)	▶ 독생자 예수님에 대한 이해	10
	삼중직과 예수님(2)	▶ 왕, 선지자, 제사장 예수님에 대한 이해	10
	큐리오스와 예수님(3)	▶ 주되신 예수님에 대한 이해	10
정리	사도신경의 활용	▶ 예수님에 대한 핵심적인 지식 나누기	5

√ 도입: 5분 or 10분

[활동] 예수님은 어떤 분이신가요?

- 예수님을 생각하면 어떤 개념과 이미지들이 생각나는지를 나눕니다.
- 예수님과 관련된 이미지를 그림으로 표현해봅니다.

√ 전개: 30분

[교육] 유일하신 아들과 예수님(1)

- [쉬운 개념 파트]를 통하여 예수님께서 하나님의 독생자이시고, 삼위 하나님 중 한 분이심을 설명하고, 학생들이 자연스럽게 고백할 수 있도록 합니다.

---

1) 해당 시간으로 진행할 때에는 본 수업을 두 주에 걸쳐 구분하여 진행하는 것도 추천합니다. 예를 들어 1째주에 도입과 전개(1)을 수행하고, 두 번째주에 전개(2)과 (3)을 수행할 수도 있을 것입니다.

[교육] 삼중직과 예수님(2)
- [쉬운 개념 파트]를 통하여 예수님의 삼중직에 대하여 설명하고, 학생들의 생각을 자연스럽게 나누도록 합니다.

[교육] 큐리오스와 예수님(3)
- [쉬운 개념 파트]를 통하여 예수님을 주님으로 고백하는 사람은 자신의 삶과 모든 영역에서 예수님의 주 되심을 드러내야 한다는 점을 설명합니다.

√ **정리: 5분**
[활동] 사도신경의 활용
- 학생들과 예수님에 대한 핵심적인 지식을 나누어 봅니다.
- 도입에서 그린 예수님에 대한 이미지와 현재 자신의 생각을 비교하여 봅니다.

[쉬운 개념 파트]

예수님의 신성:
성령으로 잉태되어 동정녀 마리아에게서 나신 것

이번에는 '성령으로 잉태되어 동정녀 마리아에게서 나신 것'에 대하여 살펴봅니다. 이 사도신경의 세번째 라인의 주요한 개념은 두가지로 나눌 수 있는데 먼저는 '성령으로 잉태되어'이고 다음은 '동정녀 마리아에게 나신 것'입니다.

우선 '성령으로 잉태되어'입니다. '성령으로 잉태되어'가 가진 의미는 무엇입니까? '성령으로 잉태되어'는 무엇을 우리에게 가르쳐주며, 우리는 그것을 고백할 때마다 무엇을 믿음으로 고백하고 있습니까? 그것은 어떤 신학적인 의미를 담고 있는 것입니까?

'성령으로 잉태되어'가 지니고 있는 핵심적인 사항은 '예수님께서 완전한 하나님이시다'는 의미입니다. 예수님께서 완전한 신성을 지니고 계시다는 것이 핵심적인 사항입니다. 예수님께서 초자연적인 능력으로 잉태되셨으며, 그는 단순한 인간이 아니라 완전한 하나님이라는 것을 말해주는 것입니다. 이는 우리가 도저히 이성으로 이해힐 수 없으며, 생물학적인 설명과 법칙으로는 담아낼 수 없는 완벽한 하나님의 능력으로 이루어진 것입니다. 더욱이 과학적으로 임신과 생명 탄생의 과정이 명확하게 소개되고, 개념이 정립된 우리들에게는 도저히 상상할 수 없는 일이지만 이는 역사적인 사실입니다. 이것을 우리가 진리로 고백하는 것입니다. 이는 구체적으로 예수님의 신성과 관련된 사항입니다. 하나님이 인간이 될 수 있는 방법은 오직 성령으로 잉태되는 방법밖에는 없습니다.

'예수님이 완전한 하나님이시다'라는 사실은 많은 성경을 통해서 확인할 수 있습니다. 우리가 잘 알고 있듯이 복음서에 예수님께서 보여주신 기적들은 그의 신성을 보여주는 많은 증거들이 될 수 있습니다. 차분하게 생각을 한번 해보십시오. 누가 물을 포도주로 변화시킬 수 있으며, 누가 오병이어로 오천명을 먹일 수 있으며, 누가 자연을 통제하며 물 위를 걸을 수 있겠습니까? 그분이 하나님이시기 때문에 가능한 일입니다. 그리고 예수님 스스로도 자신을 하나님으로 부르셨습니다. 우리가 잘 알고 있듯이 예수님께서는 요한복음에서 "아버지와 나는 하나다"라고 말씀하시면서 하나님과 자신을 동등하게 주장하십니다.

또한 신약 헬라어적인 표현으로도 예수님께서는 "나는 무엇무엇이다"라고 표현하시지 않았습니까! 이때 헬라어 '에고 에이미'가 적극적으로 활용됩니다. 예를 들어 '나는 길이요 진리요 생명이다', '나는 빛이요, 부활이다' 등의 예수님의 자기 표현을 기억하실 것입니다. 그것은 구약의 하나님께서 '나는 스스로 존재하는 자이다'고 하신 것과 동일한 의미와 선포와 선언입니다. 누가 감히 그와 같이 자신을 지칭할 수 있겠습니까! 오직 하나님만이 그와 같은 표현에 합당하며, 예수님께서는 자신을 하나님과 동등 인식 속에서 그와 같이 표현 하신 것으로 볼 수 있습니다.

이외에도 신약에서는 매우 직접적으로 예수님의 하나님 되심을 선포하고 있습니다. 예를 들어 로마서 9장 5절입니다. '조상들도 그들의 것이요 육신으로 하면 그리스도가 그들에게서 나셨으니 그는 만물위에 계셔서 세세에 찬양을 받으실 하나님이시니라 아멘'. 정말로 아멘입니다. 바울은 이스라엘의 구원 문제를 다루면서 예수님이 하나님이신 것을 선포하고 있는 것입니다. 로마서 9장 5절은 유대인들, 이스라엘의 독특한 상황을 그리고 선민으로서의 상황들을 그리고 있으며, 그들의 구원문제에 대한 안타까움을 다루면서 예수님께서 하나님이심도 함께 이야기하고 있습니다.

바울이 고백하고 선포하고 있는 이것, 바로 사도신경에서 성령으로 잉태되어가 가르치는 것과 같은 '예수님께서 하나님이시다'라는 것입니다. 우리가 사도신경을 고백하면서 매우 습관으로 주문을 외우듯이 하고 있기에 놓치는 것이지, 이 부분 '성령으로 잉태되어'는 바로 예수님의 하나님 되심을 보여주는 아주 강력한 고백입니다.

이러한 맥락에서 신앙생활을 진지하게 시작하는 우리들에게 질문이 하나 생깁니다. '왜 예수님이 하나님인 것을 우리가 고백하는 것일까? 그것이 얼마나 중요한 것이기에 이 짧은 사도신경에서 그것을 다루고 있는 것일까? 나아가서 왜 예수님은 신성을 지닌 하나님이셔야만 하는가?' 등과 같은 질문들입니다. 왜 그렇습니까? 그것은 바로 우리의 구원과 죄 용서와 관련이 있기 때문입니다.

인간이 하나님께 죄를 범하였기 때문에 우리를 용서해 줄 수 있는 분은 하나님밖에 없는 것입니다. 하나님이 아니고서는 우리의 죄를 용서할 분이 없으며, 그분이 아니고서는 우리의 죄는 용서 받을 수 없는 것입니다. 다른 누군가가 아니라 오직 하나님만이 우리를 용서할 수 있기 때문입니다. 그러므로 예수님께서는 하나님이셔야 하며 그가 만약 하나님이 아니라면 우리의 죄를 용서하고 구원해 줄 수 있는 능력이 그에게는 없게 됩니다. 다시 말하면 그는 우리의 구원자가 될 수 없는 것입니다.

우리가 사도신경을 통해 '성령으로 잉태되어'를 고백하는 것은 예수님은 신성을 지닌 온전한 하나님이신 것을 고백하는 것이며, 그러기에 '예수님께서 나를 구원해 줄 수 있는 능력을 가진 분입니다'를 고백하는 것입니다. '성령으로 잉태되어'를 고백하시만 그 고백에는 이러한 깊은 의미가 담겨져 있습니다.

예수님의 인성:
성령으로 잉태되어 동정녀 마리아에게서 나신 것

다음으로 '동정녀 마리아에게 나신 것'입니다. 우리가 먼저 살펴본 내용과 동일한 방식으로 논리를 전개해 봅시다. '동정녀 마리아에게 나신 것'이 가진 의미는 무엇입니까? '동정녀 마리아에게 나신 것'은 무엇을 우리에게 가르쳐주는 것이며, 우리는 그것을 고백할 때마다 무엇을 믿음으로 고백하는 것입니까? 그것은 어떤 신앙적인 의미를 담고 있는 것입니까? 앞선 내용과 동일한 질문을 해보는 것입니다.

'동정녀 마리아에게 나신 것'의 핵심적인 사항은 '예수님께서 완전한 인간이시다'는 의미입니다. 예수님께서는 완전한 인성을 지니고 계시다는 것입니다. 앞선 고백은 예수님께서 완전한 신성을 가지고 있음에 주목한 것이고 이번에는 예수님께서 완전한 인성을 지니고 있음을 분명하게 고백하는 것입니다.

우리가 잘 알고 있듯이 그리고 우리가 믿고 있듯이, 예수님께서는 초자연적인 능력으로 마리아의 몸에서 잉태되셨습니다. 인간과 동일하게 여자의 몸을 통해서, 동일한 출생경로를 통해서 이 땅에 오셨습니다. 그는 이사야 7장 14절의 예언을 성취하시면서 이 땅에 오셨습니다. "그러므로 주께서 친히 징조를 너희에게 주실 것이라 보라 처녀가 잉태하여 아들을 낳을 것이요 그 이름을 임마누엘이라 하리라" 예수님은 인간의 몸을 통해 오셨으며, 임마누엘로 오신 것입니다. 이는 마태복음 1장 21-23절을 통해서 확인할 수 있듯이 이는 분명 예수님을 가리키는 것이 확실합니다. 예수님은 이 땅에 온전한 인간으로 오시어 인간의 모든 것을 그대로 받으셨습니다. 성경은 예수님께서 우리 인간과 동일한 성장을 하셨으며, 우리가 지녔던 배고픔, 목마름, 피곤을 모두 가지셨음을 밝히 보여주고 있습니다. 그는 온전한 인성을 지닌 분입니다.

그러나 예수님의 인성은 우리와 같은 '죄'로 오염되지 않으셨습니다. 그는 우리와 같은 죄성을 받지 않으셨으며, 그분은 죄가 없는 인간이셨습니다. 그분은 그야말로 참된 인간이었습니다.

만약 우리가 예수님의 동정녀 마리아 탄생을 부인한다면 우리 신앙의 기초를 부정하는 것입니다. 사도신경에서 동정녀를 삽입하고 있는 것은 동정녀 마리아를 찬양하기 위함도 아니며, 마리아를 구원의 보조자 혹은 협력자로 보고자 하는 것이 아닙니다. 오직 동정녀 탄생을 통해 성육신하신 예수님을 강조하기 위함입니다. 동정녀 탄생을 통해 하나님이신 그분이 인간의 몸으로 이 땅에 오신 것을 강력하게 보여주기 위함입니다.

왜 예수님이 온전한 인간인 것을 우리가 고백하는 것입니까? 그것이 얼마나 중요한 것이기에 이 짧은 사도신경에서 그것을 다루고 있습니까? 왜 예수님은 인성을 지닌 인간이셔야만 합니까? 그것은 간단합니다. 바로 우리 인간의 대표자가 되기 위해서입니다. 아담의 죄로 우리 모두는 죄인입니다. 인류의 첫 번째 대표 아담이 지은 죄 문제를 해결하기 위해서는 반드시 인간이 그것을 감당해야 합니다. 예수님은 완전한 인간으로 인간을 대표함으로서 아담이 실패한 그 순종을 이루고 우리에게 '의'를 주기 위해서 반드시 인간이어야만 하신 것입니다.

다른 천사나 동물이 대신 인간들의 형벌을 받을 수 없는 것입니다. 다른 어떤 것이 우리 인간을 대신하여 그것을 감당할 수 없는 것입니다. 다른 어떤 것이 어떻게 나의 죄를 감당하고 대신 질 수 있겠습니까. 그것은 불완전하며 충분하지 않습니다.

또한 그분이 완전한 인간이셔야 우리의 고통과 연약함을 아시고, 그 고통 속에서 살아가는 우리를 도울 수가 있습니다. 사랑의 예수님께서 온전히 우리의 상황을 함께 하시는 것입니다. 이는 참으로 저와 우리 모두에게 위로가 됩니다. 그분, 영광스러운 하나님이신 그분이 우리의 모든 삶, 우리의 모든 고통, 우리의 모든 기쁨을 우리와 동일하게 아시는 것입니다.

로마의 신화들과 여러 종교들에서 등장하는 존재들과는 확연히 다른 것입니다. 도저히 그들의 세계관에서는 이해될 수 없는 그러한 존재가 바로 예수님이신 것입니다. 우리가 힘겨운 인생의 여정 가운데 지극히 개인적인 공간에서 혹은 삶의 문제와 정황 속에서 예수님께서 주시는 위로와 평안을 경험해보셨지요. 그러한 위로 속에서 우리는 얼마나 많은 힘을 얻습니까. 우리는 지금도 그것을 경험하고 살아가고 있습니다. 주님과의 친밀한 시간에 그 예수님께서 위로하시는 말씀과 음성을 통해 눈물을 흘려본 경험이 우리 모두에게 있지 않습니까. 그것이 우리 신앙생활의 기쁨이지 않습니까.

제가 잠시 미국에 있을 때입니다. 그때 저는 제 짧은 인생에 있어 가장 큰 고민과 두려움을 안고 살아가던 시절이었습니다. 한국에 돌아갈 시간은 점점 다가오는데 돌아가면 어떻게 살아갈지 너무 막막하였습니다. 생활과 관련하여 보장된 것은 아무것도 없었으며, 시간 강사 자리 자체도 없었습니다. 강의 자리가 있을까 하여 한국에 문의하였지만 모든 학교에서 답이 없었습니다. 한국에서 강의 자리는 어떻게 얻어야 하며, 생활은 어떻게 해야 할지, 점점 떨어지는 통장 잔고 앞에서 어떻게 해야 할지 그야말로 답답한 상황의 연속이었습니다. 거기에다가 더욱 저의 마음을 무겁게 한 것은 당시 아내의 배가 불러오고 있었으며, 임신 5개월이 지나던 중이었습니다. 남편으로서, 가장으로서 책임감이 컸고 마음이 참 무거웠습니다. '삶이 참 팍팍하구나'를 절감했습니다.

경제적인 어려움도 괴로웠지만 그것보다 더 저를 힘들게 한 것이 있었는데 바로 본질적으로 불확신과 의문이었습니다. '이렇게 열심히 달려왔는데, 좌우 보지 않고 열심히 살아 왔는데 나의 인생이 nothing일 수 있겠구나'라는 생각이 저를 미치게 만들었습니다. 힘들게 하였습니다. 나이도 젊었으며 비전과 열정도 있는데 아무것도 아니구나를 뼈저리게 느끼며 불안해지는 삶의 순간이었습니다. 그 인생의 벼랑 끝에서 예수님밖에 바라볼 수 없었습니다. 주님만 부를 수밖에 없었습니다. 그때 제가 출석하였던 한인교회의 새벽은 그 교회의 담임목사님과 저의 울음과 기도의 소리 뿐이었습니다. 새벽에는 늘 두명밖에 없었습니다. 그리고 그 시절 얼마나 많은 예수님의 위로가 있었는지 모릅니다. 눈물로 새벽을 깨우고, 눈물로 성경을 적셨습니다. 물론 상황은 전혀 달라지지 않았습니다. 어떤 유명한 이들의 간증들처럼 갑자기 삶이 달라지고 성공의 문이 열리고 복이 눈앞에 다가오는 상황은 없었습니다. 저에게는 전혀 없었습니다. 오히려 더욱 상황은 어려워졌고, 앞은 더욱 캄캄해졌습니다. 이것이 인생이구나 싶었습니다.

하지만 저는 오히려 그것이 더욱 큰 하나님의 은혜라 생각합니다. 지금도 그렇게 생각하고 있습니다. 왜냐하면 감사하게도 그 가운데 예수님의 위로는 더욱 커져갔고 평안, 확신, 안정은 더욱 크게 저에게 찾아왔기 때문입니다. 다른 것이 아니라 예수님께서 그 미국 촌구석에 있는 나의 상황을 아신다는 것 자체가 힘이 되고 기쁨이 되었습니다. 예수님이 나와 함께하여 나의 삶을 등불과 빛 같이 인도하신다는 것이 큰 위로와 힘이 되었습니다. 담대히 상황을 이겨낼 수 있었습니다. '내가 너의 상황을 알고, 내가 너의 삶을 알고 있다'라고 말씀하시는 그 음성에 눈물만 흘렸습니다.

우리는 지금도, 오늘도 그 예수님을 경험해야 할 것입니다. 사랑의 우리 주님이 우리들의 삶을 알고 계십니다. 저에게 '내가 너의 상황을 알고, 내가 너의 삶을 알고 있다'고 말씀하신 그분이 동일하게 우리의 문제를 알고 계십니다. 우리의 주님이 우리들을 온전히 체휼하십니다.

! [쉬운 실전 파트]

수업 목표

1. 이번 수업을 통해서 예수님의 신성에 대하여 이해합니다.
2. 이번 수업을 통해서 예수님의 인성에 대하여 이해합니다.

수업의 핵심: 교회학교 교사, 이것만 생각해보자!

본 수업은 예수님의 신성과 인성을 학습하며, 이를 위해 교회학교 교사는 아래와 같은 질문과 나눔을 수행할 수 있습니다.

1. 예수님의 신성 : 예수님께서 하나님이시고, 온전한 신성을 지녔음은 우리와 어떤 관계가 있나요?
2. 예수님의 인성 : 예수님께서 완전한 인간이심으로 가지는 의미는 무엇인가요?
3. 궁금한 질문 : 사도신경에서 '마리아'가 언급되는 이유는 무엇입니까? 특별히 예수님의 인성과 관련하여 나누어봅시다

수업 로드맵

단계	핵심주제	학습내용	시간(분)
도입	예수님의 신성과 인성에 대한 관심	▶ 왜 사도신경에서 마리아가 등장할까요?	5
전개	예수님의 신성(1)	▶ '성령으로 잉태되어'의 의미 설명하기 ▶ 예수님의 하나님 되심	10
	예수님의 인성(2)	▶ '동정녀 마리아에게서 나심'의 의미 설명하기 ▶ 예수님의 완전한 인간 되심	10

정리	사도신경의 활용	▶ 예수님의 신성과 인성이 나와는 어떤관계가 있을까요?	5

√ 도입: 5분

[활동] 예수님의 신성과 인성에 대한 관심
- 왜 사도신경에서 마리아의 이름이 등장하고, 그것을 고백하는가에 대하여 질문합니다.

★참고자료

학생들은 신앙고백인 사도신경에서 마리아가 등장하는 것에 대하여 의문을 가질 수 있습니다. 이때 교회학교 교사는 해당 사항이 마리아에 대한 신앙적인 칭송을 위함이 절대 아니고, 예수님의 인성을 강조하기 위한 내용으로 안내해야 합니다. 즉, 동정녀 마리아에게 나심을 통해서 예수님의 완전한 인간되심을 강조하고 있는 것을 설명하는 것입니다.

사도신경 내 마리아와 같이 이름이 등장하고 있는 유사한 경우가 있는데, 바로 본디오 빌라도의 사항입니다. 이 역시 본디오 빌라도를 통하여 예수님의 역사성을 강조하기 위함입니다. 이후 해당 절에서 이를 구체적으로 살펴볼 것입니다.

√ 전개: 20분

[교육] 예수님의 신성(1)
- [쉬운 개념 파트]를 통하여 학생들에게 사도신경 내 '성령으로 잉태되어'의 의미와 예수님의 하나님 되심에 대하여 설명합니다.
- 예수님의 신성에 대하여 학생들의 생각을 자연스럽게 나눕니다.

[교육] 예수님의 인성(2)
- [쉬운 개념 파트]를 통하여 학생들에게 사도신경 내 '동정녀 마리아에게서 나심'의 의미와 예수님의 완전한 인간 되심에 대하여 설명합니다.
- 예수님의 인성에 대하여 학생들의 생각을 자연스럽게 나눕니다.

√ 정리: 5분
[활동] 사도신경의 활용
- 학생들과 예수님의 신성과 인성이 실제 자신의 신앙적인 측면에서 어떠한 관계가 있는지를 나눕니다.

? [쉬운 개념 파트]

예수님의 고난:
본디오 빌라도에게 고난을 받으시고 십자가에 못 박혀 죽으시고

　네번째 라인으로 '본디오 빌라도에게 고난을 받으시고 십자가에 못 박혀 죽으시고'를 살펴봅니다. 이는 예수님의 탄생의 의미를 담고 있는 세번째 라인인 '성령으로 잉태하사 동정녀 마리아에게 나시고' 이후 예수님의 죽음의 의미와 내용을 담고 있는 사항입니다. 이 네번째 라인인 '본디오 빌라도에게 고난을 받으사 십자가에 못 박혀 죽으시고'는 크게 두 가지의 측면을 강조하고 있습니다. 첫째는 예수님의 고난에 대한 측면이고, 둘째는 예수님의 십자가 죽음에 대한 측면입니다. 즉, '본디오 빌라도에게 고난을 받으시고'와 '십자가에 못 박혀 죽으시고'라는 두 가지 측면에 집중하는 것입니다.

　먼저 본디오 빌라도에게 고난을 받으신 예수님입니다. 사도신경을 고백하면서 이 부분과 관련하여 가장 먼저 의문이 생기는 것은 '왜 본디오 빌라도가 언급되는가?'하는 것입니다. 그는 우리가 존경할만한 대상도 아니며, 그는 우리가 흠모해야 할 존재도 분명 아닙니다. 단지 그는 A.D. 20년대-30년대 사이 유대 지방을 다스렸던 총독일 뿐입니다. 그런데 왜 우리의 신앙 고백 속에서 그를 언급하고 있는 것일까요? 마가복음 15장 6-15절을 한번 살펴보십시오. 그의 행적에 대하여 매우 자세히 기록하고 있습니다. 이는 다른 복음서인 마태, 누가, 그리고 요한복음에서도 동일하게 그러합니다. 왜 그러할까요? 그것은 예수님의 고난과 예수님의 사역이 실재적인 사건, 역사적인 사건임을 강조하기 위해서입니다. 본디오 빌라도가 A.D. 20-30년대 사이 유대 지방을 다스린 총독인 것을 역사적으로 확인할 수 있듯이 역사 속에서 예수님께서는 실존하셨고, 그 역사 속에서 고난과 죽음을 당하신 것을 명확하게 우리에게 알려주기 위함입니다. 우리는 그것을 고백하고 있습니다.

우리의 신앙은 소설이 아닙니다. 우리의 신앙은 거짓이 아닙니다. 본디오 빌라도가 다스렸던 그 유대 지역에서 예수 그리스도는 실재하셨고, 역사이며, 우리를 위해 고난 받으시고 죽으셨음을 잊지말아야 합니다. 이것이 사도신경에서 본디오 빌라도가 기록되고 있는 이유입니다.

그런데 더 중요한 것은 예수님께서 실제적으로 어떠한 고난을 당하셨는가 하는 것입니다. 충분히 우리가 예상할 수 있듯이 우리는 예수님의 십자가 고난을 생각합니다. 물론 예수님의 그 십자가 고난도 맞습니다. 하지만 예수님께서 받으신 고난은 십자가와 관련된 것만이 아닙니다. 그 고난은 십자가의 고난을 포함하여 이 세상에서의 출생부터 예수님의 삶 모든 것을 고난으로 이해할 필요가 있습니다. 이는 예수님의 생애 전체가 고난의 생애임을 의미하는 것입니다. 예수님께서는 태어나실 때부터 구유에서 태어나시며 고통을 겪으셨고, 그는 낮은 사회 계층인 목수의 집에서 태어나 가난하여 경제적으로 어려움을 당하셨으며, 공생애 기간에는 머리 둘 곳도 마땅치 않은 힘든 고난의 생을 보내셨습니다. 또한 수많은 사람들로부터 모욕과 비난을 당하셨으며, 심지어는 그의 아끼시던 제자들로 부터도 처참하게 배신과 버림을 당하셨습니다. 그리고 궁극적으로 엄청난 영적인 고난도 십자가 상에서 받으셨는데 바로 '엘리 엘리 라마사박다니' ('나의 하나님 나의 하나님 어찌하여 나를 버리시나이까')라며 영적인 비참함도 철저하게 받으신 것입니다.

예수님께서 받으신 고난이 얼마나 큰 고통이며, 비참함이었는지 한번 상상을 해보십시오. 하나님이신 그분께서 이 땅에 오신 것에서부터 십자가 상에 하나님을 부르짖는 그 모든 과정들이 참으로 고난의 연속이요, 고난 그 자체였음을 깨닫게 됩니다. 예수님께서는 전생애 속에서 고난을 당하신 것입니다. 이것이 예수님께서 받으신 고난의 의미입니다. 이는 우리의 고난을 대신 받으신 것이며, 고난 받는 우리를 이해하시며 우리를 도우시기 위함입니다.

우리 주님께서 우리의 모든 고난, 우리의 모든 삶의 무게, 우리의 모든 문제를 알고 계십니다. 왜냐하면 예수님께서는 친히 우리의 고난을 대신 짊어 주셨기 때문입니다. 우리는 우리를 위해 고난당하신 예수님을 생각하며 우리의 고난을 이길 수 있습니다. 그 분께서 나의 문제를 알고 이해하십니다. 이것은 엄한 세상을 살아갈 때 얼마나 힘이 되는지 모릅니다. 이러한 맥락에서 찬송가 263장은 큰 은혜로 다가옵니다. '이 세상 험하고 나 비록 약하나 늘 기도 힘쓰며 큰 권능 받겠네 주의 은혜로 대속 받아서 피와 같이 붉은 죄 눈 같이 희겠네'이 세상 험하고 나 비록 약하나, 이 세상 험하고 우리 비록 약하나 우리 주님께서 우리를 책임지시고 인도하실 줄 믿습니다.

예수님의 십자가와 죽으심:
본디오 빌라도에게 고난을 받으시고 십자가에 못 박혀 죽으시고

다음으로 십자가에 못 박혀 죽으신 예수님입니다. 사도신경 네번째 라인의 두 번째 내용은 예수님의 죽음에 대한 것입니다. 예수님의 죽음은 인류를 통틀어 볼 때 매우 독특한 죽음입니다. 왜 예수님의 죽음이 독특한 죽음인가할 때 그 이유는 그분은 죄가 없는 분이셨는데 죽으셨기 때문입니다. 우리가 잘 알고 있듯이 죽음은 죄의 결과로 찾아오는 것입니다. 로마서 6상에서 확인할 수 있듯이 죄의 삯이 사망입니다. 우리가 살펴보았듯이 예수님은 죄가 없으신 완전한 인간이시며, 예수님은 죽으실 이유가 없습니다.

그런데 우리 주님께서 왜 죽으셨습니까? 왜 십자가에 못 박혀 죽으셨느냐 하는 것입니다. 그것은 바로 자신의 연약함이 아니라 우리의 연약함, 우리의 원수됨, 우리의 죄 때문에 대신하여 죽으신 것입니다. 우리의 죄가 얼마나 큰 것인가 하는 것은 예수님께서 그 죽음을 '십자가'에서 맞이하셨음을 통해 확인할 수 있습니다. 십자가에 죽으심으로 볼 때 우리의 죄가 얼마나 큰 것인가를 알 수 있습니다. 예수님께서 십자가에 달려 돌아가심은 우연이 아닙니다. 십자가의 처형이 인류의 사형 방식 중에서 가장 무서운 방식이었으며, 가장 큰 죄인들에게 허락되는 처형 방식인 것입니다. 그 십자가의 처형 방식은 인간에게 줄 수 있는 가장 크고 극심한 고통이기에 그 처형 대상이 저지른 죄의 크기와 엄중함을 반증해주는 것입니다. 또한 이 십자가의 죽음은 하나님의 저주를 받아 죽는 것을 의미하기도 합니다. 하나님께 반역한 죄인을 하나님의 무서운 진노와 형벌을 보여주는 저주의 결과로 보는 것입니다. 신명기 21장 23절 '나무에 달린 자는 하나님께 저주를 받았음이니'는 이를 분명히 밝히고 있습니다. 그러므로 십자가에서 죽음은 하나님께 반역을 저지른 인간의 죄, 하나님께 범죄한 인류의 죄를 하나님께서 혐오하시고, 이를 엄중하게 심판하시는 것을 명확하게 보여주는 것입니다. 다시 말하면 우리의 죄가 십자가에 달릴 만큼 무거운 것이었으며, 가장 극악한 죄임을 의미합니다.

　　우리 예수님께서는 이러한 의미를 모두 담아 십자가에서 우리가 감당해야 할 죽음, 우리가 감당해야 할 저주를 대신하여 치러 주신 것입니다. 이에 대하여 바울은 이 의미를 명확하게 기술하고 있습니다. 갈라디아서 3장 13절입니다. '그리스도께서 우리를 위하여 저주를 받은 바 되사 율법의 저주에서 우리를 속량하셨으니 기록된 바 나무에 달린 자마다 저주 아래에 있는 자라 하였음이라' 우리를 위하여 대신 저주를 받으신 예수님의 죽음입니다. 우리가 우리의 죄로 말미암아 죽음을 맞이해야 할 텐데! 우리의 엄청난 죄로 인해 죽었어야 할 텐데! 우리가 하나님의 저주를 받아 그 나무에 달려 죽었어야 할 텐데! 그 나무에 달려 죽었어야 할 자가 바로 우리인데 말입니다. 우리 주님께서 대신하여 죽으신 것입니다. 이것은 참으로 은혜입니다. 예수님의 은혜가 어찌나 큰지요. 이루 말할 수 없습니다. 이것을 우리는 신학적으로 '대속적 죽음'이라고 표현합니다. 예수님께서 십자가에 죽으심으로 말미암아 그 대속적인 죽음의 의미가 가장 명확하게 드러나는 것입니다. 우리는 이 은혜로 살아야 하는 것입니다. 이 예수님의 은혜를 감사하며 살아가야 하는 것입니다. 내게는 아무런 공로가 없고, 내게는 아무런 자랑할 것이 없기 때문에 이제 우리는 오직 예수 그리스도만 자랑하며 살아가야 하는 것입니다. 이것이 그 은혜를 기억하며 살아가는 성도들의 바른 자세입니다.

[쉬운 실전 파트]

수업 목표
1. 이번 수업을 통해서 예수님의 고난에 대하여 이해합니다.
2. 이번 수업을 통해서 예수님의 십자가와 죽으심에 대하여 이해합니다.

수업의 핵심: 교회학교 교사, 이것만 생각해보자!
본 수업은 예수님의 고난과 십자가에서의 죽으심의 의미를 학습하며, 이를 위해 교회학교 교사는 아래와 같은 질문과 나눔을 수행할 수 있습니다.

1. 궁금한 질문 : 사도신경에서 '본디오 빌라도'가 언급되는 이유는 무엇입니까? 특별히 예수님의 고난과 예수님의 사역과 관련하여 나누어봅시다.
2. 예수님의 역사성 : 역사적인 예수님에 대해서 차분하게 묵상해봅시다.
3. 예수님의 고난 : 예수님께서 받으신 고난의 의미와 내용은 무엇입니까? 그리고 그것이 나와는 어떤 관계가 있습니까?
4. 십자가 : 예수님께서 십자가에 죽으심으로 말미암아 '대속적인 죽음'의 의미가 가장 명확하게 드러났습니다. 예수님의 십자가 죽음에 대하여 깊이 묵상해봅시다. 그리고 나와는 어떤 관계가 있는지 나누어 봅시다.

수업 로드맵

단계	핵심주제	학습내용	시간(분)
도입	예수님에 대한 사실	▶ 역사적인 예수님	5

전개	예수님의 고난(1)	▶ '예수님의 이 땅에 오심' 그 자체가 고난임을 설명하기	10
	예수님의 십자가와 죽으심(2)	▶ '예수님의 십자가의 못박혀 죽으심'의 의미 설명하기	10
정리	사도신경의 활용	▶ 인간의 죄의 크기를 생각해보기	5

√ 도입: 5분

[활동] 예수님에 대한 사실
- 학생들과 예수님의 역사성에 대하여 자연스럽게 나누어봅니다.

★참고자료

예수님의 역사성에 대하여 학생들과 흥미롭게 살펴볼 수 있는 책으로서 리 스트로벨(Lee Strobel)의 「예수는 역사다」(The case for Christ)를 추천합니다. 몇 해 전에 영화로도 소개되어 신앙인들에게 친숙하게 알려져 있습니다. 학생들은 예수님의 역사성에 대한 궁금증과 질문들이 많을 것입니다. 이 책은 전문가들과 구체적인 내용들을 바탕으로 예수님의 역사성에 대한 논리적인 설명과 접근을 선사해줍니다. 수업의 도입 부분에서 학생들에게 간단하게 소개한다면 흥미로운 수업을 진행할 수 있을 것입니다.

√ 전개: 20분

[교육] 예수님의 고난(1)
- [쉬운 개념 파트]를 통하여 학생들에게 '예수님의 이 땅에 오심' 그 자체가 고난임을 설명합니다.

- 이 땅에서의 예수님의 고난에 대하여 학생들의 생각을 자연스럽게 나눕니다.

[교육] 예수님의 십자가와 죽으심(2)
- [쉬운 개념 파트]를 통하여 학생들에게 '예수님의 십자가의 못박혀 죽으심'의 의미에 대하여 설명합니다.
- 예수님의 십자가상에서의 고난과 죽으심에 대하여 학생들의 생각을 자연스럽게 나눕니다.

√ 정리: 5분
[활동] 사도신경의 활용
- 학생들과 인간의 죄의 크기를 생각해보고, 그것이 나와는 어떠한 관계가 있는지를 나누어봅니다.

? [쉬운 개념 파트]

예수님의 부활:
장사된 지 사흘 만에 죽은 자 가운데서 다시 살아나셨으며

'장사된 지 사흘 만에 죽은 자 가운데서 다시 살아나셨으며'는 예수님의 부활의 의미를 담고 있는 것으로서 예수님의 죽음 이후의 주요한 의미들을 담고 있는 절입니다.

예수님의 부활은 역사상 가장 놀랍고 영광스러운 사건입니다. 그리고 이 예수님의 부활은 예수님의 대속적인 죽음과 더불어 우리 기독 신앙의 기초이며, 근간입니다. 만약 이 예수님의 부활이 없다면 고린도전서 15장 12절 이후의 내용처럼 우리의 모든 것이 헛된 것이 됩니다. 부활은 우리 신앙에 있어 가장 중요하고 반드시 삶으로 고백해야 할 핵심적인 사항입니다. 이러한 예수님의 부활과 관련하여 우리가 집중해야 할 핵심적인 주제와 내용은 두가지로써 하나는 예수님에 대한 사항이고, 또 다른 하나는 우리에 대한 사항입니다. 다시 말하면, 부활의 의미는 예수님에 대해서도 전하는 메시지가 있으며, 동시에 우리에게도 전하는 메시지가 있습니다. 우리는 이 두 가지를 모두 알아야 히며 분명히 이를 인식하고 기억해야 합니다.

첫 번째로 예수님의 부활이 예수님에 대하여 무엇을 말해주는 것입니까? 예수님의 부활이 예수님을 이해하는 데 어떠한 내용을 담고 있는 것입니까? 주요한 몇 가지가 있습니다.

1) 예수님의 부활은 예수님께서 하나님의 아들이심을 의미하는 것입니다. 예수님의 부활로 인해 그분께서 하나님의 아들이심을 극명하게 보여주신 사건이 됩니다. 그의 신성을 가장 완벽하게 보여주신 사건이 바로 부활인 것입니다. 그분

은 신성과 인성을 모두 지니셨음을 우리는 이미 살펴보았습니다. 부활은 그분이 하나님의 아들되심을 가장 확실하게 보여주는 사건입니다.

   2) 예수님의 부활은 예수님께서 죽음을 이기셨음을 의미합니다. 우리 인간에게 있어 최대의 위협, 최대의 걸림돌은 바로 죽음입니다. 죽음은 우리를 두렵게 하고, 죽음은 우리를 제한시킵니다. 죽음을 극복한 인간은 그 누구도 없습니다. 죽음 앞에서는 모두가 연약한 자가 되는 것입니다. 거기에는 나이도, 직업도, 수십억의 경제적 부도 아무 의미가 없습니다. 죽음에서 예외인 자는 아무도 없으며, 죽음에서 예외라고 생각하는 이도 아무도 없습니다. 그런데 예수님께서는 그 죽음을 이기신 것입니다. 이를 차분하게 한번 생각해보십시오. 예수님께서만 죽음에서 예외가 되셨습니다. 죽음에서 예외가 되셨다는 것은 예수님께서 그 죽음을 정복하셨다는 것을 보여주는 것이며, 예수님의 부활은 그것을 선포하는 것입니다.

   3) 예수님의 부활은 성령 강림을 의미합니다. 예수님께서 부활하시어 성령님을 우리에게 보내주신다는 것을 의미합니다. 우리는 이 성령님을 통해서 신자다운 삶을 더욱 충만하게 살아갈 수 있습니다. 우리는 이 성령님을 통해서 구원의 놀라운 은혜들을 충만하게 경험할 수 있습니다. 이러한 성령의 강림은 예수님의 부활을 통해 가능하게 된 것입니다. 만약 예수님의 부활이 없었다면 성령 강림은 없는 것입니다. 이 얼마나 감사한 일입니까? 성령님이 오신 것은 예수님께서 부활하셨기 때문에 가능합니다.

   4) 예수님의 부활은 그분의 승천과 재림 그리고 심판이 있음을 의미합니다. 부활로 말미암아 하늘로 승천하신, 승귀하신 그분께서 재림하시고, 심판하시는 것입니다. 데살로니가전서 4장 15-17절입니다.

15 우리가 주의 말씀으로 너희에게 이것을 말하노니 주께서 강림하실 때까지 우리 살아 남아 있는 자도 자는 자보다 결코 앞서지 못하리라

16 주께서 호령과 천사장의 소리와 하나님의 나팔 소리로 친히 하늘로부터 강림하시리니 그리스도 안에서 죽은 자들이 먼저 일어나고

17 그 후에 우리 살아 남은 자들도 그들과 함께 구름 속으로 끌어 올려 공중에서 주를 영접하게 하시리니 그리하여 우리가 항상 주와 함께 있으리라

이와 관련하여서 저는 시스티나 성당(Cappella Sistina)에 표현된 미켈란젤로의 <최후의 심판>을 떠올립니다. 인간의 제한적인 상상력으로 이를 표현하였지만 미켈란젤로의 천재성을 확인할 수 있는 작품입니다. 저는 시스티나 성당에서 그의 작품을 보면서 1시간 이상 그 자리를 떠날 수가 없었습니다. 그 감동은 지금도 잊을 수 없습니다. 그리고 분명한 것은 부활로 말미암아 하늘로 승천하신, 승귀하신 그분께서 재림하시고, 재림하시어 심판하신다는 것은 변하지 않는 진리임이 저에게는 더욱 감동적으로 다가옵니다. 이는 분명한 진리입니다.

예수님의 부활이 예수님에 대해서 의미하는 바는 이와 같습니다. 예수님의 부활은 예수님께서 하나님의 아들이심을 의미합니다. 예수님의 부활은 예수님께서 죽음을 이기셨음을 의미합니다. 예수님의 부활은 성령님의 강림을 의미합니다. 예수님의 부활은 그분의 승천과 재림과 심판이 있을 것을 의미합니다. 이것이 예수님의 부활이 예수님에 대해서 설명하는 바입니다. 우리는 사도신경에서 이 예수님의 부활 구절 '장사된 지 사흘 만에 죽은 자 가운데서 다시 살아나셨으며' 이 구절을 고백할 때마다 우리가 살펴본 이것들을 기억해야 합니다. 짧은 라인이지만 이토록 깊은 의미들을 담고 있습니다. 그래서 우리가 사도신경을 주문처럼 외우거나, 경쟁하듯이 빠르게 읊조리는 것은 지양해야 할 것이며, 천천히 그 의미 하나하나를 묵상하면서 고백할 필요가 있습니다.

예수님의 부활이 우리에게 주는 유익:
장사된 지 사흘 만에 죽은 자 가운데서 다시 살아나셨으며

이제 두 번째 사항으로 우리에 대한 사항을 살펴봅니다. 예수님의 부활에 담긴 여러 의미들이 우리들과 어떻게 관계하는가 입니다. 직접적으로 표현해본다면 '예수님의 부활이 우리에게 주는 유익은 무엇인가?' 입니다.

1) 예수님의 부활과 그것이 가지는 가장 큰 능력으로서 우리가 잊지 말아야 할 것은 예수님의 부활로 말미암아 우리가 죄에서 완전하게 해방되었다는 것입니다. 우리가 잘 알고 있듯이 아담 이후 모든 인류는 죄의 종이 되었습니다. 죄의 종이 되어 비참한 상태로 살아가는 존재였습니다. 그런데 예수님께서 부활하심으로 우리가 더 이상 죄로 말미암은 죽음 아래서 살아가지 않게 되었다는 것입니다. 그 죽음의 권세에서 벗어나게 된 것입니다. 다시 말하면, 우리가 더이상 죽음 아래서 죄의 종 노릇을 하지 않아도 된다는 의미이기도 합니다. 이제 우리는 죄의 종으로서 살아가는 것이 아니라 하나님의 종으로서 살아간다는 것입니다.

2) 우리를 향한 예수님의 부활이 가지는 유익은 우리가 부활 소망을 가지고 담대하게 살아가게 된 것입니다. 예수님의 부활로 말미암아 우리들의 인생은 죽음으로 마치지 않게 되었습니다. 예수님의 부활은 부활의 첫 열매입니다. 고린도후서 15장 20절입니다.

'그러나 이제 그리스도께서 죽은 자 가운데 다시 살아나사 잠자는 자들의 첫 열매가 되셨도다(고후 15장 20절)'

그분의 부활로 인해 우리도 부활할 수 있습니다. 그분이 첫 열매이고 우리가 둘째, 셋째…… 열매가 되는 것입니다. 예수님의 부활이 우리에게 주는 의미들에 대해서 하이델베르크 요리문답 제45문은 더욱더 명확한 답을 주고 있습니다. '제 45문 : 그리스도의 부활이 우리에게 주는 유익은 무엇입니까? 그에 대한 답입니다 : 첫째, 그리스도께서 죽음을 이기고 부활하심으로써 성취하신 의에 우리도 동참할 수 있게 되었습니다. 둘째, 그의 능력으로 말미암아 우리도 이미 새로운 생명으로 부활한 것입니다. 셋째, 그리스도의 부활은 영광스러운 우리의 부활에 대한 보증입니다.'

　　　이것이 부활과 관련된 우리들이 가질 수 있는 유익이요 의미입니다. 예수님의 부활을 통해서 우리가 용서받고 의에 동참할 수 있음을 확증해주신 것입니다. 예수님께서 우리들에게 확실한 영수증을 주셨습니다. 죽음을 이기고 부활함으로서 우리가 죄를 용서받고 그에 의에 동참할 수 있음을 확실하게 보증해주셨습니다. 만약 이 부활이 없다면 우리에게 위의 모든 것들에 대한 보증이 이루어지지 않습니다. 또한 하이델베르크 요리문답은 예수님의 부활을 통해서 우리도 부활하며 그 영광스러운 부활이 우리의 부활됨을 보증해주셨다는 것을 분명히 밝히고 있습니다.

　　　예수님의 부활은 우리가 죽음으로 인생이 끝이 아니라 예수님처럼 우리도 부활이 있을 것을 본보기로 보여주셨습니다. 우리도 예수님처럼 부활합니다. 예수님처럼 영화롭게 변화하는 것입니다. 이것은 우리가 가질 수 있는 최대의 소망이며, 이 땅을 살아갈 원동력입니다. 우리가 이 험한 세상 살아갈 소망이 무엇입니까? 이 세상 환난 속에서 인내하며 삶을 지탱하게 하는 변치 않는 것이 무엇입니까? 그런 것에 무엇이 있겠습니까? 다른 것이 아니라 바로 이 놀라운 부활 소망을 붙잡고 오늘 하루도 살아가는 것입니다. 예수님의 부활이 우리에게 주는 유익들을 기억하면서 오늘 하루도 담대하게 살아가는 것입니다.

[쉬운 실전 파트]

__수업 목표__

1. 이번 수업을 통해서 예수님의 부활에 대하여 이해합니다.
2. 이번 수업을 통해서 예수님의 부활이 나와는 어떤 관계가 있는지에 대하여 이해합니다.

__수업의 핵심: 교회학교 교사, 이것만 생각해보자!__

본 수업은 예수님의 부활과 그것이 가지는 의미를 학습하며, 이를 위해 교회학교 교사는 아래와 같은 질문과 나눔을 수행할 수 있습니다.

1. 성경묵상 : 고린도전서 15장을 읽고 묵상해봅시다.
2. 예수님의 부활 : 예수님의 부활이 가지고 있는 의미들은 무엇입니까? 그리고 그것이 나와는 어떤 관계가 있습니까?
3. 예수님의 부활과 우리: 예수님의 부활이 없다면 우리의 신앙은 어떻게 되는 것입니까?
4. 고백적 신앙 : 당신은 부활신앙을 고백하고 있습니까? 부활에 대하여 깊이 묵상해봅시다.
5. 부활에 대한 가르침의 중요성 : 교회학교 교사로서 학생들에게 예수님의 부활을 가르쳐야 할 이유가 무엇인지 나누어 봅시다.

__수업 로드맵__

단계	핵심주제	학습내용	시간(분)
도입	부활	▶ 죽음에서의 부활이 무엇을 의미하는가?	5

전개	예수님의 부활이 주는 의미(1)	▶ 예수님께서 하나님의 아들이심의 의미를 설명하기	10
		▶ 예수님께서 죽음을 이기셨음의 의미를 설명하기 ▶ 성령강림의 의미를 설명하기 ▶ 예수님의 부활은 그의 승천, 재림, 심판과 관련되어 있음을 설명하기	20[2]
	예수님의 부활이 우리에게 주는 유익(2)	▶ 우리가 죄에서 완전하게 해방되었다는 것을 설명하기	10
		▶ 우리가 부활소망을 가지고 담대하게 살아가게 되었음을 설명하기	20
정리	사도신경의 활용	▶ 놀라운 부활 소망을 붙잡고 오늘 하루를 살아가는 것의 의미	5

√ 도입: 5분

  [활동] 부활

   - 학생들의 부활에 대한 생각을 자연스럽게 나누어봅니다.

√ 전개: 20분

  [교육] 예수님의 부활이 주는 의미(1)

   - [쉬운 개념 파트]를 통하여 학생들에게 부활을 통해서 예수님께서 하나님의 아들되심, 죽음을 이기심, 성령 강림, 그리고 그분의 승천, 재림과 관련되어

---

2) 해당 시간으로 진행할 때에는 본 수업을 2주에 걸쳐 구분하여 진행하는 것도 추천합니다. 예를 들어 첫째 주에 도입과 전개(1)를 수행하고, 둘 째주에 전개(2)를 수행할 수도 있을 것입니다.

있음을 설명합니다.
- 학생들과 예수님의 부활에 대한 생각을 자연스럽게 나눕니다.

[교육] 예수님의 부활이 우리에게 주는 유익⑵
- [쉬운 개념 파트]를 통하여 학생들에게 예수님의 부활이 우리에게 주는 유익을 설명합니다.
- 학생들과 예수님의 부활에 대한 생각을 자연스럽게 나눕니다.

★참고자료
-**하이델베르크 요리문답 제45문**

질문 : 그리스도의 부활이 우리에게 주는 유익은 무엇입니까?

답변 : 첫째, 그리스도께서 죽음을 이기고 부활하심으로써 성취하신 의에 우리도 동참할 수 있게 되었습니다. 둘째, 그의 능력으로 말미암아 우리도 이미 새로운 생명으로 부활한 것입니다. 셋째, 그리스도의 부활은 영광스러운 우리의 부활에 대한 보증입니다.

√ 정리: 5분

[활동] 사도신경의 활용
- 학생들과 놀라운 부활 소망을 붙잡고 오늘 하루를 살아갈 수 있음에 대하여 나눕니다.

> **[쉬운 개념 파트]**

예수님의 승천:
하늘에 오르시어 전능하신 아버지 하나님 우편에 앉아 계신 것

이번에는 여섯번째 라인인 '하늘에 오르시어 전능하신 아버지 하나님 우편에 앉아 계시다가'입니다. 이는 독특한 의미와 맥락을 고려하면서 이해할 필요가 있습니다. 사도행전 1장 8-10절입니다.

> 8 오직 성령이 너희에게 임하시면 너희가 권능을 받고 예루살렘과 온 유대와 사마리아와 땅 끝까지 이르러 내 증인이 되리라 하시니라
> 9 이 말씀을 마치시고 그들이 보는데 올려져 가시니 구름이 그를 가리어 보이지 않게 하더라
> 10 올라가실 때에 제자들이 자세히 하늘을 쳐다보고 있는데 흰 옷 입은 두 사람이 그들 곁에 서서

예수님께서는 제자들이 모두 보는 앞에서 하늘로 올라가셨습니다. 우리가 8-10절을 살펴보았듯이 정확무오한 하나님의 말씀인 성경이 이를 명확하게 증거합니다. 사도신경은 이를 바탕으로 '하늘에 오르시어'라는 의미를 담고 있습니다. 그리고 사도행전 1장 3절에 의하면 부활하시고 40일 후에 이 일이 벌어졌음을 명확하게 밝히고 있습니다.

하늘에 오르셨다는 것은 단순하게 우리가 보는 저 하늘이기보다는 하나님께서 계신 그곳으로 오르셨다는 것입니다. 고린도후서 12장 2절은 그 하늘에 대한 우리들의 이해에 도움을 줍니다.

> 2 내가 그리스도 안에 있는 한 사람을 아노니 그는 십사 년 전에 셋째 하늘에 이끌려 간 자라 (그가 몸 안에 있었는지 몸 밖에 있었는지 나는 모르거니와 하나님은 아시느니라)

사도신경의 그 하늘은 아마도 바울이 본 그 하늘일 것입니다. 단순히 'sky'의 개념은 아닙니다.

예수님의 승천에 따른 영광:
하늘에 오르시어 전능하신 아버지 하나님 우편에 앉아 계신 것

그 하늘에 오르신 예수님께서는 어떠한 존재가 되셨습니까? 바로 '전능하신 아버지 하나님 우편에 앉아 계시는 존재'가 되셨습니다. 하나님의 우편에 앉으셨다는 의미는 많은 내용을 포함하고 있습니다. 문자 그대로 하나님의 오른쪽에 앉아 있다는 것을 넘어서 예수님의 상황과 맥락을 아주 상징적으로 보여줍니다. 성경적인 맥락에서 오른쪽, 우편은 영광의 자리를 의미합니다. 그리고 하나님의 보좌에 계심으로서 친히 통치하신다는 것을 의미합니다. 이를 극적으로 묘사하고 있는 부분이 바로 다니엘서 7장 13-14절입니다.

> 13 내가 또 밤 환상 중에 보니 인자 같은 이가 하늘 구름을 타고 와서 옛적부터 항상 계신 이에게 나아가 그 앞으로 인도되매
> 14 그에게 권세와 영광과 나라를 주고 모든 백성과 나라들과 다른 언어를 말하는 모든 자들이 그를 섬기게 하였으니 그의 권세는 소멸되지 아니하는 영원한 권세요 그의 나라는 멸망하지 아니할 것이니라

여기에서 '옛적부터 항상 계신 이'의 위엄은 7장 9-10절입니다.

> 9 내가 보니 왕좌가 놓이고 옛적부터 항상 계신 이가 좌정하셨는데 그의 옷은 희기가 눈 같고 그의 머리털은 깨끗한 양의 털 같고 그의 보좌는 불꽃이요 그의 바퀴는 타오르는 불이며
> 10 불이 강처럼 흘러 그의 앞에서 나오며 그를 섬기는 자는 천천이요 그 앞에서 모셔 선 자는 만만이며 심판을 베푸는데 책들이 펴 놓였더라

이 엄청난 권세 즉, 9절과 10절의 내용을 하나님께서 13절과 14절에 예수님께로 넘기신 것입니다.

또한 요한계시록 4장과 5장을 통해서도 하늘 보좌에 앉으신 이의 권세와 위엄 그분으로부터 일곱 봉인된 두루마리를 취하시는 어린양의 권세와 위엄 그리고 그분을 찬양하는 내용들은 감히 어떠한 존재와도 비교될 수 없는 놀랄만한 영광스러운 모습을 확인할 수 있습니다. 요한계시록 5장 9-14절입니다.

> 9 새 노래를 노래하여 가로되 책을 가지시고 그 인봉을 떼기에 합당하시도다 일찍 죽임을 당하사 각 족속과 방언과 백성과 나라 가운데서 사람들을 피로 사서 하나님께 드리시고
> 10 저희로 우리 하나님 앞에서 나라와 제사장을 삼으셨으니 서의가 땅에서 왕노릇하리로다 하더라
> 11 내가 또 보고 들으매 보좌와 생물들과 장로들을 둘러 선 많은 천사의 음성이 있으니 그 수가 만만이요 천천이라
> 12 큰 음성으로 가로되 죽임을 당하신 어린 양이 능력과 부와 지혜와 힘과 존귀와 영광과 찬송을 받으시기에 합당하도다 하더라
> 13 내가 또 들으니 하늘 위에와 땅 위에와 땅 아래와 바다 위에와 또 그 가운데 모든 만물이 가로되 보좌에 앉으신 이와 어린 양에게 찬송과 존귀와 영광과 능력을 세세토록 돌릴찌어다 하니

14 네 생물이 가로되 아멘 하고 장로들은 엎드려 경배하더라

여기에서 네 생물과 장로들은 요한계시록 4장에서 하늘 보좌에 앉으신 이를 찬양하였던 네 생물과 장로들입니다. 그들의 예수님에 대한 찬양 내용과 그 영광의 수준을 한번 묵상해보십시오. 정말 대단한 것입니다.

이것이 하나님의 보좌 우편에 앉으셨다는 의미입니다. 즉, '하늘에 오르시어 전능하신 아버지 하나님 우편에 앉아 계시다가'를 고백할 때 그것이 담고 있는 핵심적인 내용은 '예수님께서 부활하신 뒤 하늘에 오르시어 영광스럽게 그리고 아주 명예롭게 자신의 나라를 통치하신다는 것'입니다. 우리는 그것을 기억하고 고백해야 합니다. 그 자리에서 예수님께서는 우리를 위하여 지금도 통치하시고, 사역하고 계십니다. '하늘에 오르시어 전능하신 아버지 하나님 우편에 앉아 계시다가'는 그런 의미를 강조하고 있습니다.

[쉬운 실전 파트]

수업 목표
1. 이번 수업을 통해서 예수님의 승천에 대하여 이해합니다.
2. 이번 수업을 통해서 예수님의 승천에 따른 영광에 대하여 이해합니다.

수업의 핵심: 교회학교 교사, 이것만 생각해보자!
본 수업은 예수님의 승천과 영광의 의미를 학습하며, 이를 위해 교회학교 교사는 아래와 같은 질문과 나눔을 수행할 수 있습니다.

1. 예수님의 승천 : 예수님의 승천이 가지는 신앙적인 의미는 무엇입니까?
2. 예수님의 영광 : 예수님께서 하늘에 오르시어 어떠한 존재가 되셨으며, 그것이 의미하는 것은 무엇입니까?
3. 예수님과 우리 : 예수님의 영광스러움이 나와는 어떤 관계가 있습니까?

수업 로드맵

단계	핵심주제	학습내용	시간(분)
도입	sky 그리고 heaven	▶ 하늘로 올라가신 예수님	5
전개	예수님의 승천⑴	▶ 예수님의 승천이 명확한 사실임을 설명하기	5
전개	예수님의 승천에 따른 영광⑵	▶ 예수님의 승천에 따른 영광을 설명하기	10
정리	사도신경의 활용	▶ 하나님의 보좌 우편에 앉으신 예수님	5

✓ 도입: 5분

　[활동] sky 그리고 heaven
　-학생들의 승천에 대한 생각을 자연스럽게 나누어봅니다.
　-학생들의 sky와 heaven에 대한 생각을 자연스럽게 나누어봅니다.

✓ 전개: 15분

　[교육] 예수님의 승천(1)
　- [쉬운 개념 파트]를 통하여 학생들에게 예수님의 승천을 설명합니다.
　- 학생들과 예수님의 승천에 대한 생각을 자연스럽게 나누어봅니다.

　[교육] 예수님의 승천에 따른 영광(2)
　- [쉬운 개념 파트]를 통하여 학생들에게 예수님의 승천에 따른 영광을 설명합니다.
　- 학생들과 예수님의 승천에 따른 영광에 대한 생각을 자연스럽게 나눕니다.

✓ 정리: 5분

　[활동] 사도신경의 활용
　- 학생들과 하나님의 보좌 우편에 앉으신 예수님에 대하여 생각해보고, 그것이 자신의 삶에 주는 위로와 평안에 대하여 나누어봅니다.

> [쉬운 개념 파트]

예수님의 재림:
거기로부터 살아있는 자와 죽은 자를 심판하러 오시는 것

'거기로부터 살아있는 자와 죽은 자를 심판하러 오심'은 하늘로 올라가신 예수님께서 재림하심에 대한 내용입니다. 신약의 마지막은 재림에 대한 갈망으로 장엄하게 끝을 맺습니다. 요한계시록 22장 20절입니다.

> 20 이것들을 증언하신 이가 이르시되 내가 진실로 속히 오리라 하시거늘 아멘 주 예수여 오시옵소서

아멘 주 예수여 오시옵소서! 예수님께서는 반드시 오실 것입니다. 우리가 믿고 있는 그분께서 친히 거듭 강조하시면 오심을 말씀하셨습니다. 예수님께서 오실 때는 실제적으로 하늘로 올라가실 때와 동일한 방식으로 재림하실 것입니다. 예수님께서는 '거기로부터' 즉, 여섯 번째 라인에서 살펴보았듯이 바로 하나님의 보좌 우편에서부터 친히 재림하실 것이며, 그때에 세상 사람들은 직접 눈으로 확인할 수도 있을 것입니다. 만약 예수님께서 영적으로만 육신의 눈에 보이지 않게, 특별한 이들에게만 나타나 보이면서 재림한다고 가르친다면, 그것은 분명 잘못된 신앙이요 이단들입니다. 왜곡된 성경과 영적 교만을 통해서 자신들만이 특별한 상황을 경험할 수 있다고 이야기하는 것은 기독교 역사 속에서 전혀 새로운 주장들이 아닙니다. 벌써 2000년 전부터 그런 왜곡된 것을 주장하였던 이들이 많았습니다.

성경은 분명히 예수님의 재림이 매우 실제적이고 육체적임을 강조하고 있습니다. 요한계시록 1장 7절입니다.

> 7 볼지어다 그가 구름을 타고 오시리라 각 사람의 눈이 그를 보겠고 그를 찌른 자들도 볼 것이요 땅에 있는 모든 족속이 그로 말미암아 애곡하리니 그러하리라 아멘

또한 사도행전 1장 11절입니다.

> 11 이르되 갈릴리 사람들아 어찌하여 서서 하늘을 쳐다보느냐 너희 가운데서 하늘로 올려지신 이 예수는 하늘로 가심을 본 그대로 오시리라 하였느니라

하나님의 정확무오한 말씀에 근거하여 우리는 예수님의 재림이 실제적이고 육체적일 것임을 확신할 수 있습니다. 우리의 이성과 논리로 설명하는 것이 한계가 있지만 이는 분명 사실입니다.

그리고 예수님의 재림은 매우 갑작스럽게 이루어질 것이며, 그 시기에 대해서는 우리는 알 수 없습니다. 마태복음 24장 36-39절입니다.

> 36 그러나 그 날과 그 때는 아무도 모르나니 하늘의 천사들도, 아들도 모르고 오직 아버지만 아시느니라
> 37 노아의 때와 같이 인자의 임함도 그러하리라
> 38 홍수 전에 노아가 방주에 들어가던 날까지 사람들이 먹고 마시고 장가 들고 시집 가고 있으면서
> 39 홍수가 나서 그들을 다 멸하기까지 깨닫지 못하였으니 인자의 임함도 이와 같으리라

성경에서 밝혀주고 있듯이 예수님의 재림은 매우 갑작스럽게 이루어질 것이며, 그 시기는 우리가 잘 알고 있듯이 오직 아버지 하나님만 아십니다.

예수님의 재림의 목적은 심판:
거기로부터 살아있는 자와 죽은 자를 심판하러 오시는 것

사도신경을 살펴보고 있는 우리에게 있어 가장 중요한 것은 예수님의 재림은 심판과 관련이 있다는 것입니다. 예수님의 재림의 목적은 심판이라는 것을 강조하고 있습니다. 그리고 그 심판은 '살아있는 자와 죽은 자'를 심판하는 것입니다. 살아있는 자는 이 땅에 있는 모든 살아있는 자들이고, 죽은 자는 이 땅에 태어났다가 죽은 모든 이들을 말합니다. 이들을 모두 심판하십니다. 예수님께서 재림하시어 모든 사람들을 심판하신 다는 의미입니다. 이것이 예수님의 재림 목적입니다. 우리가 믿음으로만 고백할 수 있는데 성경은 예수님께서 재림하시면 신자와 불신자를 막론하고 모두 부활할 것이며, 죽었던 모든 자들도 부활하여 최후의 심판대 앞에 서게 될 것을 분명히 밝히고 있습니다. 이와 관련하여 데살로니가전서 4장 16-17절입니다.

> 16 주께서 호령과 천사장의 소리와 하나님의 나팔 소리로 친히 하늘로부터 강림하시리니 그리스도 안에서 죽은 자들이 먼저 일어나고
> 17 그 후에 우리 살아 남은 자들도 그들과 함께 구름 속으로 끌어 올려 공중에서 주를 영접하게 하시리니 그리하여 우리가 항상 주와 함께 있으리라

그리고 이후 어떠한 상황이 벌어집니까? 의인은 새 하늘과 새 땅으로, 악인은 영원한 불못에 들어가게 됩니다. 요한계시록은 이 심판의 장면을 구체적으로 묘사하고 있습니다. 요한계시록 20장 11-15절입니다.

> 11 또 내가 크고 흰 보좌와 그 위에 앉으신 이를 보니 땅과 하늘이 그 앞에서 피하여 간

데 없더라

12 또 내가 보니 죽은 자들이 큰 자나 작은 자나 그 보좌 앞에 서 있는데 책들이 펴 있고 또 다른 책이 펴졌으니 곧 생명책이라 죽은 자들이 자기 행위를 따라 책들에 기록된 대로 심판을 받으니

13 바다가 그 가운데에서 죽은 자들을 내주고 또 사망과 음부도 그 가운데에서 죽은 자들을 내주매 각 사람이 자기의 행위대로 심판을 받고

14 사망과 음부도 불못에 던져지니 이것은 둘째 사망 곧 불못이라

15 누구든지 생명책에 기록되지 못한 자는 불못에 던져지더라

성경은 이에 대하여 명확하게 밝히고 있습니다. 사도신경의 일곱번째 라인 '거기로부터 살아있는 자와 죽은 자를 심판하러 오심'을 고백할 때 그것이 담고 있는 핵심적인 내용은 '예수님께서 하나님의 보좌 우편에서부터 재림하시어 모든 사람들을 심판하신다'는 것입니다. 이것이 '거기로부터 살아있는 자와 죽은 자를 심판하러 오심'이 담고 있는 핵심적인 의미입니다. 우리는 이를 고백할 때마다 이 내용을 기억해야 합니다.

종합적으로 사도신경의 여섯 번째와 일곱 번째 라인을 살펴보면 구체적으로 우리들의 삶에 적용할 수 있는 주요한 네 가지 신앙적 요소들을 정리할 수 있습니다.

1) 예수님께서 우리의 삶을 인도하신다는 것입니다. 우리는 예수님께서 지금도 온 세상을 통치하신다는 것을 잊지 말아야 합니다. 여기에는 나의 인생과 나의 가정, 나의 직장 등 내 삶의 모든 것이 포함됩니다. 나의 인생이 예수님의 통치 아래 있다는 것은 많은 위로를 줍니다. 때로는 우리가 우리의 이성으로 이해되지 않는 일들이 생깁니다. 삶의 문제 앞에서 두려워하고 어찌할 바를 모릅니다. 눈물을 흘릴 수밖에 없는 상황에 직면합니다. 하지만 예수님께서 우리의 삶을 지금까

지 통치하시고 인도하셨으니 이후에도 믿고 나아갈 수 있는 것입니다. 지금도 예수님께서 우리의 삶을 통치하십니다.

2) 우리는 기도에 자리로 나아가야 합니다. 보좌 우편에 앉아 계신 그분이 지금도 살아계셔서 우리를 위하여 대제사장으로서 중보하십니다. 히브리서 8장 1절입니다.

> 1 지금 우리가 하는 말의 요점은 이러한 대제사장이 우리에게 있다는 것이라 그는 하늘에서 지극히 크신 이의 보좌 우편에 앉으셨으니

예수님께서 지금도 끊임없이 우리를 위하여 중보하시고 하나님 앞에서 우리 모두를 대표하여 우리들의 이름을 새기시며 하나님 앞에 서 계신 것입니다. 그러므로 그분으로 말미암아 우리는 거룩하신 하나님께 기도하며 나아갈 수 있습니다. 우리가 지금도 '예수 그리스도의 이름으로 기도합니다'라고 하지 않습니까 정말 감사한 내용입니다. 그분이 보좌 우편에 계시기에 가능한 일입니다. 그러므로 그분께 모든 삶을 내어놓고 기도의 자리로 나아가보는 것입니다. 우리의 모든 상황을 아시는 그분께 진밀 기도하며 나아가 보는 것입니다. 안타까운 것은 우리는 이것을 지식으로는 알고 있지만 실제로 삶 속에서 기도하지 않는다는 것입니다. 이것을 알고 있으면서도 우리는 기도하지 않습니다. 새벽을 깨우고, 학교와 직장에서 시간을 정하고, 교회 기관 별로 모이고 기도에 집중해야 합니다. 그 속에서 하나님께서 역사하실 것입니다. 기도하지 않는데 무엇이 일어나겠습니까?

3) 우리는 재림을 기억하며 깨어 살아가야 합니다. 우리는 예수님의 재림을 철저히 준비해야 합니다. 어리석은 이들처럼 예수님의 재림을 준비한다고 흰옷을 입고 산이나 바다로 갈 필요는 절대 없습니다. 무엇이 재림을 철저히 준비하는 것

입니까? 등불을 준비하였던 이들처럼 신앙적으로 깨어서 우리에게 맡겨주신 삶을 충실히 살아가는 것입니다. 그것이 재림 신앙입니다. 열심히 학교와 직장에서, 맡겨주신 교회학교 교사로서의 사역에 충실하게 살아가는 것입니다. 그리고 그 가운데 신앙적으로 깨어서 기도하며, 말씀을 순종하면서 살아가면 되는 것입니다. 주님이 당장이라도 오실 것을 생각하고 오늘 하루를 신앙적으로 최선을 다해 살아가는 것입니다. 이것이 재림을 준비하는 올바른 자세입니다. 세상을 등지고 쾌락주의나 허무주의로 가는 것이 아니라 더욱더 세상 속의 그리스도인으로서 말씀 중심으로 살아가는 것입니다.

4) 우리는 심판을 두려워할 필요가 없습니다. 우리는 이미 생명책에 기록된 자들입니다. 그러기에 우리는 그날, 최후의 심판의 날을 절대로 두려워할 필요가 없습니다. 우리와 불못은 상관이 없습니다. 우리와 지옥은 관계가 없습니다. 오히려 예수님의 재림 날은 우리에게는 기쁨의 날입니다, 축복의 날입니다. 예수 안에 있는 우리는 결코 정죄함이 없는 것입니다. 예수 안에 있는 우리에게는 승리만 있습니다. 하지만 어떤 이들에게는 그날이 두려움이요, 죽음의 날이요, 심판의 날입니다.

! [쉬운 실전 파트]

수업 목표
1. 이번 수업을 통해서 예수님의 재림에 대하여 이해합니다.
2. 이번 수업을 통해서 예수님의 재림의 목적이 심판임을 이해합니다.

수업의 핵심: 교회학교 교사, 이것만 생각해보자!
본 수업은 예수님의 재림과 심판의 의미를 학습하며, 이를 위해 교회학교 교사는 아래와 같은 질문과 나눔을 수행할 수 있습니다.

1. 예수님의 재림 : 예수님의 재림이 가지는 의미는 무엇입니까?
2. 예수님의 심판 : 예수님의 재림과 심판은 어떠한 관계가 있습니까?
3. 예수님과 우리 : 예수님의 재림과 심판을 고백하는 자들은 오늘을 어떻게 살아가야 합니까? 구체적으로 나의 삶에 적용해봅시다.

수업 로드맵

단계	핵심주제	학습내용	시간(분)
도입	"아멘 주 예수여 오시옵소서"	▶ 요한계시록 22장 20절에 대한 생각나누기	5
전개	예수님의 재림(1)	▶ 예수님의 재림이 명확한 사실임을 설명하기	5
	예수님의 재림과 심판(2)	▶ 예수님의 재림의 목적이 심판임을 설명하기	10
정리	사도신경의 활용	▶ 적용을 통한 신앙적 유익	10

✓ 도입: 5분

　[활동] '아멘 주 예수여 오시옵소서'
　- 학생들과 요한계시록22:20절을 읽고 자연스럽게 생각을 나누어봅니다.

✓ 전개: 15분

　[교육] 예수님의 재림⑴
　- [쉬운 개념 파트]를 통하여 학생들에게 예수님의 재림을 설명합니다.
　- 학생들과 예수님의 재림에 대한 생각을 자연스럽게 나누어봅니다.

　[교육] 예수님의 재림과 심판⑵
　- [쉬운 개념 파트]를 통하여 학생들에게 예수님의 재림의 목적이 심판임을 설명합니다.
　- 학생들과 예수님의 심판에 대한 생각을 자연스럽게 나누어봅니다.

✓ 정리: 10분

　[활동] 사도신경의 활용
　- 학생들에게 삶에 적용할 수 있는 주요한 네 가지 신앙적 요소들을 정리해봅니다.

[쉬운 개념 파트]

성령님은 어떤 분이신가?: 나는 성령을 믿으며

'나는 성령을 믿으며'에 있어서 우리가 집중해야 할 것은 두 가지 사항입니다. 첫째로 성령님이 누구이신가?, 성령님은 어떠한 존재이신가? 하는 것입니다. 그리고 두 번째로는 그 성령님께서는 어떠한 사역을 하시기에 우리는 성령님을 믿는다고 고백하는가입니다. 즉, 성령님의 사역에 대한 것입니다.

먼저 '성령님이 누구이신가?, 성령님은 어떠한 존재이신가?'하는 것입니다. 여기에서 무엇보다 중요한 것은 성령님은 성부 하나님과 성자 예수님과 동등한 분이라는 것입니다. 성령님은 성부 하나님과 성자 예수님과 구분되면서도 한 하나님으로서 동등한 삼위일체이신 분입니다. 여기에 대해서 우리의 믿음은 분명합니다. 웨스트민스터 신앙고백서 제2장 하나님과 삼위일체에서 '하나님의 본체(本體)는 하나이시며 곧 동시에 삼위(三位)이시다'로 고백합니다. 이를 신학적으로 표현할 때 '본질이 동일하다'라는 의미의 '호모우시오스' 그리고 '구분된 위격'으로서 '휘포스타시스'라고 합니다. 정통적으로 삼위일체를 설명함에 있어 다음과 같은 표현을 사용함으로서 설명을 하고 있는데 매우 설명력이 큽니다. 물론 기독론적 측면의 강조이지만 우리들의 이해에 도움을 줍니다. '서로 혼돈되거나 변화하지 않고, 분열되거나 분리될 수 없으며, 그 신성, 그 능력, 그 존재, 그 영광에 있어서 완전히 동등하시다'입니다. 이러한 설명을 가만히 생각해보면 참 맞는 말입니다. 이것이 우리가 믿는 바입니다. 이러한 삼위일체의 맥락에서 성령님을 이해해야 합니다.

하지만 우리의 성령님에 대한 이해는 어떠합니까? 이 삼위 하나님으로서의 성령님을 온전히 이해하고 있지 못하는 것 같습니다. 성령님을 마치 이상하고 신비한 것으로만 이해한다든지, 인격성이 없는 어떤 물질적 존재로서 이해한다든지, 강력한 능력만을 가지고 있는 그런 비인격적 존재로 이해하고 있습니다. 마치 요술방망이 혹은 휴대폰 충전하듯이 충전할 수 있는 그런 존재로 봅니다. 이 모든 것은 잘못된 성령님에 대한 이해입니다. 성령님께서는 인격적이시기에 우리가 원하는대로, 우리 마음대로 이용할 수 있는 그런 비인격적인 힘이 아닙니다. 오히려 그분께서 우리를 이끄시고 인도하십니다. 오히려 그분의 절대적인 주권 안에서 우리가 삶을 영위하고 있습니다. 이것을 이해하지 못하고 우리는 어떤 신비한 힘과 강력한 체험만을 얻기 위해서 성령님과 접촉하려 한다면 그 모든 것은 근본적으로 잘못된 것입니다. 성령님은 삼위일체 하나님이시고, 인격적인 분임을 기억해야 합니다.

성령님의 사역은 무엇인가?: 나는 성령을 믿으며

다음으로 '그 성령님께서 어떠한 사역을 하시는가?'입니다. 성령님의 사역은 창조부터 시작하여 이루 말할 수 없이 많지만 우리의 신앙과 관련하여 핵심적인 사역은 바로 우리 주님과 우리를 연결하시는 사역입니다. 성령님께서는 우리들로 하여금 예수님을 바라보게 하십니다. 성령님은 예수님을 믿는 우리들을 그리스도와 연합시켜 주심으로 예수 그리스도께서 이루신 구원의 복을 받게 하십니다. 그리고 그러한 복 가운데 성령님은 모든 성도들에게 각종 은사를 선물로 귀하게 허락해 주십니다. 이것이 성령님의 주된 사역으로 볼 수 있습니다. 이 성령님의 주된 사역 즉, 우리 주님과의 연합과 은사를 나누어주시는 사역을 극명하게 보여주는 것이 고린도전서 12장 1-11절입니다.

고린도전서 12장 1-11절은 아주 독특한 맥락을 가지고 있습니다. 우리가 잘 알고 있듯이 고린도전서는 바울의 목회적인 관심이 잘 나타나있는 편지입니다. 특별히 바울은 고린도교회 내부에 존재하는 여러 문제와 오해들을 안타까워하며, 그것을 바로잡기 위해서 절절하게 편지를 쓰고 있습니다. 그래서 차분하게 우리가 고린도전서를 읽어보면 당시 고린도교회가 가지고 있는 다양한 문제들에 대하여 혹은 질문들에 대하여 주제별로 바울이 답변을 하고 있음을 볼 수 있습니다. 예를 들면 성에 대해서, 결혼에 대해서, 부활에 대해서, 예배 등에 대해서 가르치고 있는 것입니다.

그중에서 고린도전서 12장 1-11절이 다루고 있는 이슈는 예배의 큰 틀 안에서 은사였으며, 그것과 관련하여 성령님의 사항을 기록하고 있습니다. 먼저 12장 2절입니다. 그들이 처한 상태가 어떠한 상태였습니까? '너희도 알거니와 너희가 이방인으로 있을 때에 말 못하는 우상에게로 끄는 그대로 끌려 갔느니라' 고린도교회 교인들이 예수 그리스도를 알지 못한 그때 그들은 우상에게 끌려다니는 인생들이었습니다. 당시 고린도 지역은 로마 통치 시절 헬라의 중심도시였으며, 바울 시대에서는 고린도가 헬라지역에서 가장 부유한 도시였습니다. 두 개의 항구도시 중간에 위치하여서 무역의 중심지이기도 했습니다. 그러한 고린도의 경우 환락가였습니다. 심지어는 '저 고린도 여자같으니'라는 일상적인 표현이 있을 정도였는데 그것은 몸을 파는 여인을 지칭하는 표현이었습니다. '고린도 여자 같다'는 표현이 그와 같은 의미를 담고 있을 정도로 타락한 도시였습니다. 또한 당시의 성적인 타락은 우상숭배와 직접적인 관련이 있습니다. 고린도 지역을 둘러싸고 있는 높은 돌산들의 정상에는 여신들을 섬기는 신전들이 있었으며, 그곳에서는 성적인 타락과 음란이 가득하였습니다. 그곳을 방문하는 방문객들에게 몸을 파는 이들이 있었고, 그것은 우상숭배적인 요소와 결부된 것이었습니다. 그 타락한 지역에서 예수님을 알지 못하던 그들의 인생은 2절의 표현 그대로 '우상에 끌려다니는 인생들'이었던 것입니다. 바울은 이것을 지적한 것입니다.

계속해서 바울은 2절과 대조하면서 3절을 기술하고 있습니다. '그러므로 내가 너희에게 알리노니 하나님의 영으로 말하는 자는 누구든지 예수를 저주할 자라 하지 아니하고 또 성령으로 아니하고는 누구든지 예수를 주시라 할 수 없느니라' 3절에서 성령님의 역사에 의해 고린도 교인들이 어떻게 되었는가를 확인할 수 있습니다. 전에는 그들이 '말 못하는 우상이 이끄는 대로 끌려다니는 비참한 인생들'이었지만, 지금은 그들이 예수님을 믿고 예수님을 주로 고백하는 자가 되었다고 기술합니다. 고린도인들에게 나타난 이러한 역사가 어떻게 일어난 것입니까? 바로 성령님에 의해서라고 바울은 확신있게 기술하고 있습니다. '성령으로 아니하고는 누구든지 예수를 주시라 할 수 없는 것'입니다. 성령님의 역사로 은혜를 받음으로서 예수님을 '주'라고 하게 된 것입니다. 성령님의 사역은 이루 말할 수 없이 많지만 우리의 신앙과 관련하여 볼 때 가장 핵심적인 사역은 예수님과 우리를 연결하시는 사역입니다. 성령님께서는 우리들로 하여금 예수님을 바라보게 하십니다. 우리로 하여금 예수님을 '주'라 고백하게 하십니다.

바울은 이것이 성령님의 사역에 근본적인 사항임을 기록하면서 그것을 바탕으로 다양한 은사들에 대해서 설명합니다. 왜냐하면 모든 은사들에 있어 바로 이 2절과 3절의 맥락과 고백이 중심이 되어야 하기 때문입니다. 바울은 성령님의 사역을 통해 우리가 그리스도와 연결된 후 그 성령님께서 우리들에게 은사 또한 허락하시는 분임을 설명하고 있습니다. 앞서 제가 성령님의 주요한 사역이 바로 그리스도 안에서 모든 성도들에게 각종 은사를 선물로 귀하게 허락해 주신다고 하였습니다. 그것을 바울이 8-11절에서 설명하는 것입니다. 12장 8-11절입니다.

8 어떤 사람에게는 성령으로 말미암아 지혜의 말씀을, 어떤 사람에게는 같은 성령을 따라 지식의 말씀을,

9 다른 사람에게는 같은 성령으로 믿음을, 어떤 사람에게는 한 성령으로 병 고치는 은사를,

10 어떤 사람에게는 능력 행함을, 어떤 사람에게는 예언함을, 어떤 사람에게는 영들 분별함을, 다른 사람에게는 각종 방언 말함을, 어떤 사람에게는 방언들 통역함을 주시나니

11 이 모든 일은 같은 한 성령이 행하사 그의 뜻대로 각 사람에게 나누어 주시는 것이

니라

그 은사는 다양한데 바로 8절-11절에 나오는 것들입니다. 그 은사에서 가장 먼저 확인할 수 있는 것이 지혜의 말씀입니다. 이것은 세상의 지식과 지혜가 아니라 하나님의 말씀, 하나님의 비밀의 말씀을 깨닫는 지혜인 것입니다. 그리고 둘째로 지식의 말씀입니다. 이것은 공부를 많이 하여서 박사가 되고, 학력이 높아져서 얻게 되는 지식이 아닙니다. 성령님께서 조명해주시어 얻게 되는 지식을 의미합니다. 하나님의 말씀에 대한 깊은 통찰력인데 성령님께서 주시는 것입니다.

다음으로는 믿음입니다. 이 믿음은 보편적인 구원과 관련된 믿음이기보다는 특별한 은사로서 능력 있는, 그야말로 은사로서의 큰 믿음을 의미합니다. 또 병 고치는 은사입니다. 우리가 잘 알고 있듯이 하나님께는 불가능이 없으십니다. 생명의 주관자가 되셔서 실제적으로 병들을 치료하실 줄도 우리는 믿고 있습니다. 다음으로 능력 행함의 은사입니다. 이는 성경에서 나타나고 있는 여러 이적들이 해당될 수 있을 것입니다. 예수님이 아니었어도 나타났던 사도들의 능력들이 여기에 해당될 것입니다. 베드로의 기적들이 대표적일 것입니다.

그리고 예언함의 은사입니다. 이는 매우 논란이 될 수 있는데 사도시대에 나타났던 예언이 지금도 지속되는가하는 것입니다. 이 부분에 대해서 우리는 명확하게 개념을 잡아야 합니다. 우리의 구원과 삶에 필요한 모든 계시는 '신구약 66권 성경'으로 완성이 되었습니다. 성경으로 충분하며, 성경으로 완벽합니다. 모든 삶의 지침들이 성경에 담겨 있음으로 새로운 계시, 특별한 예언에 대한 추구는 잘못된 것입니다. 이와 관련하여 여러 이단 유혹에 미혹되지 말아야 합니다. 이상한 꿈, 환상, 그리고 점쟁이들과 같은 기도 응답들도 마찬가지입니다. 우리는 성경 말씀으로 충분합니다. 성경 말씀으로 완성되었습니다. 다음으로 영들 분별의 은사입니다. 우리가 잘 알고 있듯이 이 세상에는 거짓영들이 있습니다. 우리는 그것이 하나님으로부터 온 것인가를 살펴보아야 하는 것입니다.

마지막으로 각종 방언과 방언들을 통역하는 은사입니다. 특별히 고린도 성도들이 한 방언은 14장 2절입니다. '방언을 말하는 자는 사람에게 하지 아니하고 하나님께 하나니 이는 알아 듣는 자가 없고 영으로 비밀을 말함이라'에서 확인할 수 있듯이 아마도 하나님께 신비한 언어로 말하거나 기도하는 것을 의미했을 것입니다. 그리고 이것을 통역하는 은사를 일컫습니다.

  이러한 내용들을 바울은 은사들로서 정리하고 있습니다. 그런데 실제로 성령님께서 주시는 은사들은 이것보다 더욱더 풍성합니다. 바울은 대표적인 것들만 소개하고 있습니다. 여기에 소개되지 않은 은사들도 많이 있습니다. 실제로 로마서 12장 6-8절을 보십시오.

> 6 우리에게 주신 은혜대로 받은 은사가 각각 다르니 혹 예언이면 믿음의 분수대로,
> 7 혹 섬기는 일이면 섬기는 일로, 혹 가르치는 자면 가르치는 일로,
> 8 혹 위로하는 자면 위로하는 일로, 구제하는 자는 성실함으로, 다스리는 자는 부지런함으로, 긍휼을 베푸는 자는 즐거움으로 할 것이니라

  로마서에서는 고린도전서 12장에서 살펴본 내용과는 다른 사항들도 확인할 수 있습니다. 우리가 은사라고 쉽게 생각지 못한 것들도 분명 은사인 것입니다. 우리가 화려하게 보이는 것만을 추구하여 그런 은사들만이 귀하고 수준 높은 것이라고 생각하는 것은 우리가 왜곡된 은사관을 가지고 있기 때문입니다. 오히려 은사라고 할 때 그것이 화려하고 특별한 것과 같이 포장하고 설명한다면 그것들에 주의를 기울일 필요가 있을 것입니다.

  실제로 바울은 다양한 은사의 가장 최고의 극치를 보여주는 것으로 사랑을 기록합니다. 이를 고린도전서 12장에 이어 13장에서 소개하고 있는 것입니다. 고린도전서 13장 1-3절입니다.

> 1 내가 사람의 방언과 천사의 말을 할지라도 사랑이 없으면 소리 나는 구리와 울리는

꽹과리가 되고,

2 내가 예언하는 능력이 있어 모든 비밀과 모든 지식을 알고 또 산을 옮길 만한 모든 믿음이 있을지라도 사랑이 없으면 내가 아무 것도 아니요

3 내가 내게 있는 모든 것으로 구제하고 또 내 몸을 불사르게 내줄지라도 사랑이 없으면 내게 아무 유익이 없느니라

이것이 정말 성숙한 은사입니다. 성숙한 은사라고 하니 조금 이상하지만 어쨌든 의미하는 바는 은사로서 사랑의 가치를 높이고 있는 것입니다. 바울은 짧지만 여러 은사들을 소개하였습니다. 그런데 정작 바울이 하고 싶었던 이야기는 이 은사들을 나열하여 소개하는 것이 아니었습니다. 진정 바울이 하고 싶었던 이야기는 은사는 다양하지만 성령님은 동일하다는 것이고, 그 성령님께서 주권적으로 은사를 선물로 나누어주신다는 것입니다. 이것이 고린도전서 12장의 핵심 사항이며, 그 하이라이트는 모든 은사는 성령님의 사역에 있는 것입니다. 고린도전서 12장 4절-6절입니다.

4 은사는 여러 가지나 성령은 같고

5 직분은 여러 가지나 주는 같으며

6 또 사역은 여러 가지나 모든 것을 모든 사람 가운데서 이루시는 하나님은 같으니

바울은 그 은사의 근본적인 사항을 삼위 하나님께로 원천을 돌립니다. 그리고 이는 12장 11절에서 더욱 분명해집니다.

11 이 모든 일은 같은 한 성령이 행하사 그의 뜻대로 각 사람에게 나누어 주시는 것이니라

12장 4-6절 그리고 11절 사이에 은사의 종류들이 삽입된 것입니다. 중요한 것은 4-6절 그리고 11절의 메세지입니다. 바울이 강조하는 것은 이 모든 은사가 '같은 한 성령님'께서 주권적으로 주신다는 것이며, 은혜의 선물로서 허락하신다는 것을 강조하고 있습니다. 성령님의 사역입니다. 그러므로 은사에 대하여 우리가 분명히 사모함도 필요합니다. 그리고 동시에 누군가가 받았다 하는 은사가 진정 성령님으로부터 온 것인지에 대해서도 분별해야 합니다. 참된 은사, 하나님으로부터 온 은사의 분별 원칙은 매우 간단합니다. 12장 3절입니다. '3 그 은사를 받은 자가 예수 그리스도에 대하여 어떤 말을 하는가' 그리고 12장 7절과 11절입니다. '같은 한 성령이시니 교회에 유익하고 서로 존중하는가'를 살피면 됩니다.

[쉬운 실전 파트]

수업 목표
1. 이번 수업을 통해서 성령님에 대하여 이해합니다.
2. 이번 수업을 통해서 성령님의 사역을 이해합니다.

수업의 핵심: 교회학교 교사, 이것만 생각해보자!
본 수업은 성령님과 성령님의 사역을 학습하며, 이를 위해 교회학교 교사는 아래와 같은 질문과 나눔을 수행할 수 있습니다.

1. 성령님 : 성령님은 어떤 분이십니까?
2. 성령님의 사역 : 성령님이 하시는 사역은 어떤 것들이 있습니까? 그리고 그것이 나의 삶과는 어떤 관계가 있습니까?
3. 성령님의 은사 : 성령님의 은사에 대하여 묵상해봅시다.
4. 참된 은사 : 참된 은사에 대하여 분별할 수 있는 방법은 무엇입니까?

수업 로드맵

단계	핵심주제	학습내용	시간(분)
도입	성령님에 대한 생각	▶ 성령님에 대한 학생들의 생각나누기	5
전개	성령님(1)	▶ 삼위일체 하나님의 차원에서 성령님을 설명하기	10
	성령님의 사역(2)	▶ 성령님의 사역에 대하여 설명하기	10
정리	사도신경의 활용	▶ 참된 은사에 대한 분별 기준 나누기	5

✓ 도입: 5분

   [활동] 성령님에 대한 생각
    - 학생들과 평소 성령님에 대한 이미지와 생각을 자연스럽게 나누어봅니다. .

✓ 전개: 20분

   [교육] 성령님⑴
    - [쉬운 개념 파트]를 통하여 학생들에게 성령님을 설명합니다.
    - 학생들과 성령님에 대한 생각을 자연스럽게 나누어봅니다.

   ★참고자료
   웨스트민스터 신앙고백서 제2장

   웨스트민스터 신앙고백서 제2장 하나님과 삼위일체에서 '하나님의 본체(本體)는 하나이시며 곧 동시에 삼위(三位)이시다'로 고백하고 있습니다. 이를 신학적으로 표현할 때 '본질이 동일하다'라는 의미의 '호모우시오스' 그리고 '구분된 위격'으로서 '휘포스타시스'라고 합니다.

      '서로 혼돈되거나 변화하지 않고, 분열되거나 분리될 수 없으며,
      그 신성, 그 능력, 그 존재, 그 영광에 있어서 완전히 동등하시다'

   [교육] 성령님의 사역⑵
    - [쉬운 개념 파트]를 통하여 학생들에게 성령님의 사역을 설명합니다.
    - 학생들과 성령님의 사역에 대한 생각을 자연스럽게 나누어봅니다.

✓ 정리: 10분

   [활동] 사도신경의 활용
    - 참된 은사에 대한 분별 기준을 자연스럽게 나누며 마무리합니다.

[? 쉬운 개념 파트]

예수님 안에서의 연합: 거룩한 공교회와 성도의 교제

교회론은 우리의 신학에 있어 매우 중요하며, 그 내용도 너무 방대합니다. 그런데 사도신경은 그 교회의 가장 핵심적인 측면을 이 짧은 아홉 번째 라인에서 모두 담고 있어 참으로 귀합니다. 사도신경의 아름다움은 이런 간명성이라 생각합니다. 깊은 신앙의 의미들을 핵심적으로 정리해주기 때문입니다. 사도신경에서는 교회에 대한 핵심적인 의미를 크게 두 가지로 나누고 있습니다. 바로 '거룩한 공교회와 성도의 교제'가 바로 그것입니다. 즉, 교회를 이해함에 있어서 가장 핵심적인 개념을 이 두 가지 요소에서 찾고 있습니다.

먼저 '거룩한 공교회'는 무엇입니까? 우리가 잘 알고 있듯이 교회는 그리스도와 연합되어있기에 그리스도 안에서 모두 하나인 통일된 공동체를 의미합니다. 공교회라 할 때 그것은 예수 그리스도를 머리로 모든 교회가 하나이며, 형제교회라는 뜻입니다. 공교회는 'catholic church'로 번역되는데, 그것은 로마 천주교의 선유물이 아닙니다. 오히려 로마 천주교는 교회의 머리되시는 주님의 자리를 다른 전통으로 대체하였고, 그것은 본질적으로 교회의 공교회성을 파괴한 것입니다. 이는 보편적 공동체의 의미와는 완전히 다릅니다. 공교회성이라 하였을 때 그것은 개체 교회의 분절된 모임이 아니라 개체 교회와 모든 교회가 예수 그리스도 안에서 함께 사역하고 어울리는 것입니다. 에베소서 1장 22절을 보십시오.

> 22 또 만물을 그의 발 아래에 복종하게 하시고 그를 만물 위에 교회의 머리로 삼으셨느니라

말씀을 통해 확인할 수 있듯이 예수 그리스도께서는 탁월한 지위와 권세를 가지고 있습니다. 만물을 그의 발 아래 복종시키시는 놀라운 권세를 가지신 분입니다. 1장 22절의 말씀은 1장 20절부터 볼 때 더욱 잘 이해할 수 있습니다. 20절부터 묘사되는 예수 그리스도의 탁월한 지위는 세상의 어떤 지위와는 다른 엄청나고 놀라운 그야말로 탁월한 지위입니다.

> 20 그의 능력이 그리스도 안에서 역사하사 죽은 자들 가운데서 다시 살리시고 하늘에서 자기의 오른편에 앉히사
> 21 모든 통치와 권세와 능력과 주권과 이 세상뿐 아니라 오는 세상에 일컫는 모든 이름 위에 뛰어나게 하시고
> 22 또 만물을 그의 발 아래에 복종하게 하시고...

이 놀라운 분이 교회에 무엇이 되었다고 하십니까? 바로 머리가 되셨습니다. 우리는 이를 머리로 번역하였지만 원어 '케팔레'는 통치자, 지도자 등이 갖는 권위의 개념입니다. 실제로 바울은 동일한 권위의 개념으로 고린도전서 1장 3절에서 '머리'라는 단어를 사용하고 있습니다. '그러나 나는 너희가 알기를 원하노니 각 남자의 머리는 그리스도요 여자의 머리는 남자요 그리스도의 머리는 하나님이시라(고전 1:3)'

이는 온 우주 만물과 모든 세력들과 모든 인간들과 권세들보다 높으신 예수님께서 교회의 지도자로, 교회의 통치자로, 교회의 권위자로 임명되셨다는 것입니다. 그러므로 교회는 예수 그리스도를 머리로 그분 안에서 보편적인 공동체로서 공교회적인 의미를 지니고 있습니다. 또한 바울도 교회를 그와 같은 개념, '에클레시아'라는 단어를 사용하고 있습니다. 그 교회는 지역과 개체 교회를 포함하는 모든 신자들로 구성된 교회이며, 이는 전체 기독교 공동체인 보편적인 교회를 의미합니다.

그리고 사도신경에서는 예수님을 머리로 모신 모든 교회, 그 공교회는 단순한 공동체가 아니라 '거룩한' 공동체입니다. 사도신경에서 '거룩한 공교회'라는 표현은 그 공동체가 세상과 구별되는 공동체를 의미하고, 하나님만을 섬기기 위해 구별된 존재들임을 의미합니다. 당연히 교회의 머리이신 예수 그리스도께서 거룩하시고 흠이 없으신 분이기에 그분으로부터 터져 나오는, 그분으로부터 흘러나오는 거룩성으로 교회는 세상과 구분되어야 합니다. 이는 우리의 행위, 우리의 노력으로 그 거룩성을 회복해나가는 것 보다 교회가 본질적으로 이미 예수 그리스도의 머리되심으로 말미암아 거룩한 공동체임을 잊지 말아야 합니다.

그런데 저는 위의 그 본질적이고 변함없는 거룩성을 바탕으로 좀 더 우리 신자들의 측면도 강조하고 싶습니다. 앞서 말씀드렸듯이 우리가 특별히 무엇인가를 하지 않더라도 교회는 본질적으로 거룩합니다. 예수 그리스도의 머리되심으로부터 흘러나오는 거룩성이 있기 때문입니다.

하지만 우리 스스로도 교회의 거룩성을 위해 좀 더 거룩하고, 좀 더 윤리적으로 교회의 구별됨과 교회의 거룩성을 유지할 필요가 있습니다. 오늘 한국교회가 얼마나 많은 비판을 받고 있습니까? 그들의 비판이 예수님에 대한 비판입니까? 아니면 교회의 구성원들인 목회자와 성도들에 대한 비판입니까? 그 비판은 예수님에 대한 비판이 아니라 바로 우리들을 향한 것입니다.

저는 지속적으로 '왜 한국교회가 비판의 대상이 되었는가?'라는 문제의식을 가지고 연구를 수행해오고 있습니다. 이를 밝히기 위해서 교회 현장을 직접 뛰어다니며 인터뷰와 관찰을 수행하여 분석해보았습니다. 저의 다양한 교회 현장 연구는 국내 논문 검색 사이트를 통하여 확인할 수 있을 것입니다. 연구결과를 통해 비판의 주요한 이유가 바로 목회자와 성도들 삶의 문제임을 구체적으로 확인할 수 있었습니다. 바로 우리가 성도로서 거룩하지 못한 삶, 그것이 문제였습니다. 이를 우리는 알면서도 제대로 지키지 못하고 있어 정말 답답합니다.

우리가 '거룩한 공교회를 믿습니다'라고 고백할 때는 우리의 거룩한 삶에 대한 실천과 내용도 수반하는 것이 성숙한 모습입니다. 그것을 믿는다고 할 때에는 입으로만 하는 것이 아니라 실제로 교회의 머리되신 그분을 중심으로 힘써 사역해야 하며, 교회의 거룩함을 위해 개인적으로 노력해야 합니다. 교회의 특징으로서 그 교회의 머리되신 그분을 인정하며, 예수 그리스도 안에서의 연합을 추구하고, 거룩해야 함을 고백하는 것입니다.

아름다운 교제: 거룩한 공교회와 성도의 교제

다음으로 교회의 특징은 바로 요한일서 1장 3절과 직접 관련된 '성도의 교제'입니다. 교회의 가장 중요한 특징은 성도의 교제에 있습니다. 요한일서 1장 3절은 이 교제의 맥락이 어떠해야 하는가를 명확하게 보여줍니다.

> 3 우리가 보고 들은 바를 너희에게도 전함은 너희로 우리와 사귐이 있게 하려 함이니 우리의 사귐은 아버지와 그의 아들 예수 그리스도와 더불어 누림이라

요한과 복음의 사역자들은 복음을 전함으로 복음을 받아들이는 이들과 사귐을 나누기를 원했습니다. 그들이 본문의 사귐 헬라어 '코이노니아'라는 단어를 쓰면서 성도들과 사귐을 언급하고 있는 것입니다. 이를 좀 더 쉽게 번역한 쉬운 성경의 번역본을 보면 좀 더 명확하게 의도를 파악할 수 있습니다.

'우리가 보고 들은 것을 여러분에게 말하는 이유는 여러분이 우리와 함께 교제하기를 원하기 때문입니다.' 그들은 성도들과 깊은 사귐과 교제를 원했던 것이고 복음을 전하면서 이를 이루고자 했습니다. 재미있는 것은 일반적으로 이 본문은 성도의 교제를 설명할 때 대표적으로 살펴보는 구절인데 그 이유는 요한이

사용하는 그 사귐과 그 교제의 의미 때문입니다. 요한과 복음 사역자들이 사용한 사귐과 교제는 일반적인 사귐과 교제의 차원을 넘는 독특한 개념이고, 신학적인 개념입니다.

요한이 나누고자 한 사귐과 교제의 수준을 보면 성도의 사귐과 교제가 어떠한 의미인가를 우리들에게 명확하게 보여줍니다. '우리가 보고 들은 바를 너희에게도 전함은 너희로 우리와 사귐이 있게 하려 함이니'와 '우리의 사귐은 아버지와 그의 아들 예수 그리스도와 더불어 누림이라'의 맥락에서 나타나는데 우리의 사귐은 아버지와 예수 그리스도와 더불어 누리는 사귐이라는 뜻입니다. 이를 다른 번역본으로 살펴보면 '우리가 함께 나누는 이 교제는 하나님 아버지, 그리고 그의 아들 예수 그리스도와 함께 가지는 교제'라는 것입니다. 이것이 요한이 의미하는 사귐, '코이노니아'의 의미입니다. 그때의 사귐은 하나님과 예수 그리스도와 함께 누리며, 그분이 주시는 선물과 은혜들을 나누며 교제하는 것이었습니다. 그렇다면 도대체 우리의 삶 속에서 그분이 주시는 선물과 은혜를 어떻게 나누는 것일까요? 크게 두 가지로 살펴볼 수 있습니다.

1) 성도의 교제는 하나님으로부터 받은 은혜를 지체들과 함께 나누는 것입니다. 하나님으로부터 받은 그리고 받을 은혜와 사랑을 지체들과 나누는 것입니다. 하나님의 말씀을 함께 나누고, 하나님 앞에서 함께 뜨겁게 기도하고, 내가 받은 은혜를 나누는 것입니다. 주님의 교회가 가진 끈끈한 영적인 교제를 경험하는 것입니다. 이것은 세상에서 경험할 수 없는 교제이고, 관계의 수준입니다. 교회 지체들과 말씀을 나누고, 하나님으로부터 받는 은혜를 함께 경험하면서 교제하는 것이 얼마나 즐거운 것인 줄 우리는 알고 있습니다. 지속적으로 이를 추구해나가야 하는 것입니다.

2) 성도의 교제는 자신이 가진 은사를 지체들과 나누는 것입니다. 하나님께

서 내게 주신 은사를 공동체를 위해서 사용하는 것입니다. 내게 가르치는 은사가 있다면 그것을 교회를 위해, 성도들을 위해 사용하는 것입니다. 내게 물질적인 은혜가 있다면 그것을 공동체를 위해 사용하는 것입니다. 내게 주님께서 허락해주신 아름다운 무언가가 있다면 그것을 교회를 위해 사용하는 것입니다. 그것이 성도의 교제입니다. 눈에 보이는 것만이 아니라 내가 가진 재능, 내가 가진 무언가를 교회와 성도들과 나누는 것입니다. 밝은 웃음이 있다면 교회의 안내부로, 따뜻한 사랑의 마음이 크다면 새신자들의 섬김이로 다양하게 나누며 나아가는 것입니다.

저는 제가 섬기고 있는 교회의 식당에서 매주 주일 점심을 먹을 때마다 권사님들의 은사를 느낍니다. 그것을 경험합니다. '아니 어떻게 밥이 이렇게 맛있을 수 있나!' 매주 놀랍니다. 특히 우리 권사님들의 '칼국수'와 '황태찜'은 진짜 대단합니다. 그리고 제가 섬기는 교회의 안내부 집사님들의 미소는 너무 아름답습니다. 교회의 행사 때마다 한복을 입고 오시면 너무 멋집니다.

지체들과 각자의 은사들을 이렇게 나누는 것이 성도의 교제입니다. 자신이 가진 은사들, 자신이 가진 무언가를 성도들과 나누는 것이 진정한 교제인 것입니다. 교회는 성도들 모두가 자신들의 은사로 함께 섬기며, 그 은사를 사용하며 모두 함께 나아가는 것입니다. 예수님의 지휘에 맞추어 나가는 큰 오케스트라인 것입니다. 그 오케스트라가 연주하며 천국을 소망하고 찬양하는 공동체가 교회입니다.

[쉬운 실전 파트]

수업 목표
1. 이번 수업을 통해서 교회의 연합에 대하여 이해합니다.
2. 이번 수업을 통해서 성도의 교제에 대하여 이해합니다.

수업의 핵심: 교회학교 교사, 이것만 생각해보자!
본 수업은 교회의 연합과 성도의 교제을 학습하며, 이를 위해 교회학교 교사는 아래와 같은 질문과 나눔을 수행할 수 있습니다.

1. 교회에 대한 의미 : 거룩한 공교회는 무엇을 의미합니까?
2. 거룩함 : 우리가 '거룩한 공교회를 믿습니다'라고 고백할 때 거룩한 삶에 대한 실천이 수반되어야 함을 묵상해봅시다.
3. 성도의 교제 : 교회의 특징으로서 '성도의 교제'는 무엇입니까?

수업 로드맵

단계	핵심주제	학습내용	시간(분)
도입	교회	▶ 교회에 대한 학생들의 생각 나누기	5
전개	예수님 안에서의 연합(1)	▶ 예수님 안에서의 연합의 의미를 설명하기	10
	성도의 교제(2)	▶ 성도의 교제에 대하여 설명하기	10
정리	사도신경의 활용	▶ 교회의 거룩함과 참된 교제에 대하여 나누기	5

√ 도입: 5분

   [활동] 교회

   - 학생들이 가지고 있는 교회에 대한 생각과 개념을 자연스럽게 나누어봅니다.

√ 전개: 20분

   [교육] 예수님 안에서의 연합(1)

   - [쉬운 개념 파트]를 통하여 학생들에게 예수님 안에서의 연합을 설명합니다.

   - 학생들과 연합에 대한 생각을 자연스럽게 나누어봅니다.

   [교육] 성도의 교제(2)

   - [쉬운 개념 파트]를 통하여 학생들에게 성도의 교제를 설명합니다.

   - 학생들과 성도의 교제에 대한 생각을 자연스럽게 나누어봅니다.

√ 정리: 10분

   [활동] 사도신경의 활용

   - 학생들과 교회의 거룩함과 참된 교제에 대하여 나누며 마무리 합니다.

[쉬운 개념 파트]

죄의 의미: 죄를 용서 받는 것

'죄를 사함 받는다'는 것은 매우 중요합니다. 기본적으로 죄를 사함 받음으로 말미암아 우리는 새로운 삶을 살게 됩니다. 이는 우리가 고백하는 사도신경의 순서를 통해서도 확인할 수 있는데 '우리의 죄 사함을 먼저 고백하고 나서' 우리는 바로 몸의 부활과 영생을 고백합니다. 이는 당연한 순서겠지요. 우리의 죄의 문제가 해결되어야지 죽음 이후의 방향과 내용이 결정되는 것입니다. 이 만큼 죄 사함은 중요하고 본질적인 것입니다.

그렇다면 우리의 죄는 무엇입니까? 죄는 단순한 범죄행위와 차이가 있습니다. 본질적으로 죄는 우리의 본성에 있어서 능동적으로나 수동적으로나 하나님의 법을 어기는 것을 의미합니다. 우리의 모든 의지와 행위, 우리로부터 나오는 모든 것이 하나님에 대하여 반하는 것으로 나타나는 것임을 의미합니다.

우리는 전적으로 타락하고, 부패한 존재인 것입니다. 이 죄는 우리의 전인격에 영향을 미치고, 죄악 된 생각과 욕망을 일으킵니다. 그리고 그러한 우리가 거짓말을 하고, 남을 속이고, 사기를 치고, 범죄를 저지르고, 살인 등이 일어나는 것입니다. 이 모든 것은 죄의 뿌리로 말미암아 나타나는 악의 형태입니다.

우리 모두는 하나님 앞에서 단 한 사람도 예외 없이 죄를 가진 존재이고, 그 죄로 말미암아 표면적이고, 윤리적인 악까지도 저지르는 존재입니다. 우리는 모두 죄인입니다. 우리가 도덕적으로 수준 있게 살아가는 것, 법적 규정에 저촉되지 않게 살아가는 것, 우리가 그럴듯한 사회인으로 살아가는 것, 우리가 소위 교양 있고, 지성인으로 살아가는 것 등 모든 외적인 그럴듯함과는 상관없이 우리는 죄인입니다. 이는 확정적이고, 단정적인 우리의 존재에 대한 명확한 정의입니다. 이는 우리라는 인간을 있는 그대로 규정지어주는 핵심적인 모습이고 사실 그 자체입니다. 우리는 죄인입니다.

우리가 죄인이라는 사실 자체도 무서운데 우리를 더욱 힘들게 하는 것은 우리가 죄인이기 때문에 받는 결과입니다. 죄의 결과가 더욱 무섭고 생각하면 생각할수록 힘이 듭니다. 성경이 말하는 죄의 결과는 그 범위가 매우 넓고, 우리가 얼마나 비참하게 실패한 존재들인가를 분명하게 알려줍니다.

죄의 결과로 말미암아 우리는 인간 공동체의 모든 관계가 파괴된 체로 살아가야 합니다. 다른 사람들과의 모든 관계가 파괴된 체로 살아가는 것입니다. 그리고 우리는 죄의 결과로 말미암아 우리는 모든 세상만물과 자연과의 관계 속에서도 파괴된 체로 살아가는 존재가 되었습니다.

하지만 가장 본질적으로 죄의 결과로 말미암아 우리는 하나님과의 관계가 파괴된 체로 살아가는 존재가 되었습니다. 하나님과의 관계에서 완전히 분리된 체로 살아가야 하는 존재가 되었습니다. 이는 하나님과의 교제로부터 떨어졌음을 의미합니다. 하나님의 진노와 저주아래에서 살아가야 한다는 말이기도 합니다. 죄의 결과로 우리는 죽게 되었으며, 영혼과 몸의 모든 기능들과 부분들이 전적으로 더러워졌음을 의미합니다. 하나님이 그 전능하심으로 우리에게 진노하시고, 우리를 철저하게 심판하고자 하시는 것입니다. 하나님의 '의' 앞에서 우리를 달아보는 것입니다.

이런 상황에서 우리에게는 희망이 없습니다. 우리는 어떠한 가능성도 없는 처참한 존재입니다. 죄의 결과로 우리는 하나님의 진노를 고스란히 받아야 합니다. 우리가 아무리 잘났다고 하더라도, 재산이 많고, 많이 배웠다고 하더라도, 소용이 없습니다. 그 누구도 이 죄인이라는 규정 앞에서는 예외 없이 모두 죄인인 것입니다. 죄의 결과로 우리는 하나님의 진노와 저주 속에서 죽었습니다. 이것이 우리가 이해하는 죄에 대한 관점이고, 우리 인간에 대한 정의입니다.

정죄치 아니하심: 죄를 용서 받는 것

그런데 감사하게도 사도신경에서 우리는 무엇을 고백하고, 믿고 있다고 합니까? 바로 이러한 죄를 '용서 받는 것을 믿습니다'고 고백합니다. 우리의 죄가 용서 받음을 고백합니다. 이를 잘 소개하고 있는 것이 하이델베르크 요리문답 56문입니다.

> 하이델베르크 제56문 : '죄를 용서해 주시는 것'에 대하여 당신은 무엇을 믿습니까?
> 답 : 나는 그리스도의 속죄로 말미암아 하나님께서 내 죄와 나를 미혹하는 죄성에 대하여 정죄치 아니하심을 믿습니다. 오히려 하나님께서는 은혜로 말미암아 내게 그리스도의 의를 덧입혀 주셔서 심판으로부터 나를 영원히 해방시켜 주셨습니다.

우리의 죄를 용서해주시는 것에 대하여 우리가 고백하고 믿는 것은 핵심적으로 '예수 그리스도로 말미암아 하나님께서 내 죄와 나의 죄성에 대하여 정죄치 아니하신다'는 것입니다. 로마서 7장 25절과 8장 1-2절입니다.

> 25 우리 주 예수 그리스도로 말미암아 하나님께 감사하리로다 그런즉 내 자신이 마음으로는 하나님의 법을 육신으로는 죄의 법을 섬기노라
> 1 그러므로 이제 그리스도 예수 안에 있는 자에게는 결코 정죄함이 없나니
> 2 이는 그리스도 예수 안에 있는 생명의 성령의 법이 죄와 사망의 법에서 너를 해방하였음이라

로마서 7장 25절과 8장 1-2절은 독특한 문맥 속에 자리 잡고 있습니다. 로마서의 저자는 앞선 7장 후반부에서 죄의 강력함으로 말미암아 비참한 자신의 모습을 처절하게 고백하고 있습니다. 그 죄로 인해 자신이 얼마나 비참한지, 그 죄로

인해 자신이 얼마나 괴로운지, 얼마나 희망이 없는지를 고백하고 있습니다. 7장 24절을 보십시오. '오호라 나는 곤고한 사람이로다 이 사망의 몸에서 누가 나를 건져내랴' 이는 로마서 저자의 처절한 고백입니다. 아주 개인적인 고백입니다. 특히 '오호라'는 감탄사인데요. 어떤 두 힘이 부딪쳤을 때, 그 사이의 갈등과 긴장 속에서 어찌할 바를 모르는 상황을 표현하는 헬라식 감탄사입니다. 그리고 계속해서 처절히 고백하는데, '이 사망의 몸에서 누가 나를 건져내랴'고 합니다. 여기에서 '이 사망의 몸'은 죄의 몸, 죄로 죽을 몸을 의미합니다. 소망이 없는 자신, 죽을 수 밖에 없는 자신에게서 '누가 자신을 온전히 구원할 수 있겠는가?' 하는 것입니다.

흥미로운 점은 이 처절한 고백을 하는 사람이 다른 이가 아니라 바로 바울이라는 것입니다. 하나님께 놀랍게 쓰임 받고, 성경의 많은 부분을 철저한 영감에 의해 기록한 바울입니다. 그토록 귀하게 쓰임 받은 바울 역시 이러한 죄의 처참함 속에서 살아갔던 것입니다.

이는 위로가 되기도 하지만 죄가 얼마나 강력한가를 잘 보여주는 대목이기도 합니다. 한 신앙인으로서 바울이 경험하고 있는 내면적이고, 외적인 삶의 긴장관계를 우리도 지금 경험하고 있습니다. 성숙한 그리스도인이라고 한다면 자신이 저지른 작은 죄악에 대해 얼마나 민감하게 느끼고 갈등하는지 우리가 지금도 경험적으로 잘 알고 있습니다. 바로 그런 것입니다. 죄로 말미암아 힘들어하는 한 신앙인의 감정과 심경이 그대로 우리에게 전달되는 것입니다.

로마서 7장 25절과 8장 1절-2절은 그러한 죄로 말미암아 비참함을 오롯이 경험하고 있는 한 신앙인이 예수 그리스도로 말미암아 죄의 용서받음에 대하여 깨닫고 느끼면서 죄의 크기에 비례하여 크게 터지는 고백과 감사인 것입니다.

본문은 깊은 감정적 문맥이 있습니다. 7장 24절에서 죄의 강력함으로 고뇌하였던 바울은 그 본질적인 해결책을 예수님에게서 발견하고, 그분 안에서 찾음으로 '우리 주 예수 그리스도로 말미암아 하나님께 감사'를 드리고 있습니다. 물론 여전히 '마음으로는 하나님의 법을 육신으로는 죄의 법을 따르는 긴장' 속에서 살아가지만 예수 그리스도를 의지함으로 말미암아 자신은 죄의 속박에서 이길 수 있음을 고백하고 있습니다.

왜 그렇습니까? 어떻게 그럴 수 있습니까? 바로 8장 2절입니다. '그리스도 예수 안에 있는 생명의 성령의 법이 죄와 사망의 법에서 자신을 해방'하였기 때문입니다. 우리는 여전히 죄의 긴장 속에서 이 땅을 살아갑니다. 여전히 우리는 죄를 짓고, 넘어집니다. 여전히 7장 24절의 상황 속에서 살아갑니다. 하지만 우리가 잊지 말아야 할 것은 예수 그리스도가 이미 죄와 사망을 정복하신 분이라는 사실입니다! 죄와 사망을 이미 예수님께서는 완벽하게 정복하셨고 승리하셨다는 것입니다! 그분으로 말미암아 살아가는 자들에게 결코 정죄함이 없습니다. 그분으로 말미암아 살아가는 자들은 죄와 사망에 법에서 해방되었습니다.

사탄은 끊임없이 우리의 마음을 공격하며 붙잡습니다. 우리가 지은 과거의 죄에 대해서, 우리의 연약한 모습에 대해서, 끊임없이 사탄은 그런 것들을 물고 늘어집니다. 사탄의 전략입니다. 신앙 생활을 제대로 하고자 하면 사탄은 슬그머니 우리의 마음에 부담을 넣습니다. '네가 그런 죄를 짓고도 어떻게 거룩하게 예배당에 앉아있는가?', '네가 실상은 죄악 된 존재이면서 어떻게 리더로, 집사로, 권사로, 장로로, 목사로 섬기는가?', '네가 어떻게, 네가 어떻게…' 끊임없이 속삭이고 갈등하게 합니다.

하지만 사탄의 속삭임 앞에서 담대하게 말씀으로 응전하십시오. '그리스도 예수 안에 있는 자에게는 결코 정죄함이 없다!', '그리스도 예수 안에 있는 생명의 성령의 법이 죄와 사망의 법에서 나를 해방했다!'고 선포하는 것입니다.

예수 그리스도의 법이 육체의 법을 이겨 나를 해방시켰음을 잊지 않는 것입니다. 영적 갈등과 전쟁 속에서 넘어지는 것이 아니라 말씀으로 담대히 일어나는 것입니다. 말씀으로 담대히 나가는 것입니다. 말씀으로 이길 수 있습니다. 예수 그리스도께서 이미 죄와 사망을 정복하셨습니다!

[쉬운 실전 파트]

수업 목표
1. 이번 수업을 통해서 죄의 의미에 대하여 이해합니다.
2. 이번 수업을 통해서 '정죄치 아니하심'에 대하여 이해합니다.

수업의 핵심: 교회학교 교사, 이것만 생각해보자!
본 수업은 죄의 의미와 정죄치 아니하심의 은혜를 학습하며, 이를 위해 교회학교 교사는 아래와 같은 질문과 나눔을 수행할 수 있습니다.

1. 전적타락 : 우리가 전적으로 타락하고, 부패한 존재라는 것에 대해서 묵상해봅시다.
2. 죄의 결과 : 우리가 죄인이기 때문에 받는 결과들은 무엇입니까?
3. 우리와 죄의 관계 : 우리가 여전히 죄의 긴장 속에서 이 땅을 살아간다는 것은 무엇을 의미합니까?

수업 로드맵

단계	핵심주제	학습내용	시간(분)
도입	"내가 죄인이라고?"	▶ 어거스틴의 「고백록」 소개하기	5
전개	죄의 의미(1)	▶ 죄의 의미를 설명하기	10
	'정죄치 아니하심'의 의미(2)	▶ 정죄치 아니하심의 의미에 대하여 설명하기	10
정리	사도신경의 활용	▶ 하나님의 말씀으로 담대하게 살아가기 ▶ 존 오웬의 「죄 죽이기」 소개하기	5

√ 도입: 5분

[활동] "내가 죄인이라고?"
- 학생들의 죄에 대한 생각을 자연스럽게 나누어봅니다.
- 어거스틴의 「고백록」(The Confession)을 소개합니다.

★참고자료

어거스틴(Augustine of Hippo, 354-430)**의 「고백록」**

어거스틴은 히포의 주교로서 활동을 하면서 「고백록」을 집필하였으며, 자신의 과거에 대한 기억과 사역들을 바탕으로 인간의 죄와 하나님의 은혜에 대한 내용을 담고 있습니다. 어거스틴의 「고백록」은 지금까지도 여전히 읽혀지는 명작이며, 단순히 그의 자서전적인 의미를 뛰어넘어 존귀한 하나님과 삶에 풍성한 신앙적 고백과 찬양을 담고 있습니다.

√ 전개: 20분

[교육] 죄의 의미(1)
- [쉬운 개념 파트]를 통하여 학생들에게 죄의 의미를 설명합니다.
- 학생들과 죄에 대한 생각을 자연스럽게 나눕니다.

[교육] '정죄치 아니하심'의 의미(2)
- [쉬운 개념 파트]를 통하여 학생들에게 '정죄치 아니하심'의 의미를 설명합니다.
- 학생들과 죄의 용서에 대한 생각을 자연스럽게 나눕니다.

√ 정리: 5분

[활동] 사도신경의 활용
- 학생들과 하나님의 말씀으로 응전하며 담대하게 살아가기를 나눕니다.

- 존 오웬의 「죄 죽이기」 (The Mortification of Sin)를 소개합니다.

★참고자료

존 오웬(John Owen, 1616-1683)의 「죄 죽이기」

「죄 죽이기」는 청교도 신학의 거장인 존 오웬이 죄의 문제를 어떻게 다루고 있는가를 명확하게 보여주는 작품입니다. 특별히 '죄를 죽이기' 위한 실제적인 원리와 방안들을 선사하고 있어 신앙생활에 매우 유익합니다. 존 오웬은 다음과 같은 질문을 던지며 해답을 제시합니다.

> "어떤 한 사람이 참 신자임에는 분명하지만 여전히 그 자신 속에 강력한 죄가 거하고 있음을 발견한다고 치자. 그 죄가 그를 사로잡아 죄의 법 아래로 끌고 가고, 그 마음을 고통으로 기진케 하고, 여러 복잡한 생각을 가지게 하고, 그 영혼을 약하게 만들어 하나님과의 교통의 의무들을 수행치 못하게 하고, 평안에 대해서 불안하게 하고, 그 양심을 더럽게 하고, 속임수와 추잡한 죄로 그 마음을 굳어지게 한다고 치자, 그러면 그는 어떻게 해야 할까? 이 부조리한 죄와 정욕, 그리고 이 부패를 죽이기 위해서 어떤 경로를 밟아 진행해야 할까?"

-존 오웬의 「죄 죽이기」 (서문강 역, SFC)

> **[쉬운 개념 파트]**

몸의 부활의 의미: 몸의 부활

이번 절에서는 '나는 몸의 부활을 믿습니다'라고 고백하는 그 의미가 무엇인가를 살펴보고자 합니다. 이를 위해서 고린도전서 15장 42-44절을 중심으로 확인하고자 합니다.

> 42 죽은 자의 부활도 그와 같으니 썩을 것으로 심고 썩지 아니할 것으로 다시 살아나며
> 43 욕된 것으로 심고 영광스러운 것으로 다시 살아나며 약한 것으로 심고 강한 것으로 다시 살아나며
> 44 육의 몸으로 심고 신령한 몸으로 다시 살아나나니 육의 몸이 있은즉 또 영의 몸도 있느니라

고린도교회 안에는 당시의 철학과 사상에 영향을 받아 '육체의 부활, 몸의 부활'을 믿지 못하는 사람들이 있었습니다. 그리고 신실한 성도들 역시 몸의 부활에 대하여 궁금증과 의문이 있었습니다. 그래서 '부활을 한다면 어떤 몸으로 부활할 것인가?'와 같은 고차원적인 질문들이 있었던 것 같습니다. 이를테면 고린도전서 15장 35절 '누가 묻기를 죽은 자들이 어떻게 다시 살아나며 어떠한 몸으로 오느냐'와 같은 질문입니다. 다시 말하면 '죽은 자들이 어떻게 다시 살아나며 어떠한 몸으로 옵니까?'라고 질문합니다.

여러분들은 이 질문에 대하여 어떻게 생각하십니까? 영혼에 대해서도 믿음을 가지며, 그 영혼이 영원히 존재한다는 것도 확실하게 믿음이 생기는데, 어떤 의미에서는 상대적으로 조금 더 쉽게 믿어지는데… '나의 육체와 실제 몸이 부활한다'는 것에 대해서는 스스로 남에게 이야기하기도 어색하고, 믿는다고 하지만 선

뜻 확신이 들지 않는다는 것입니다. 그리고 만약 부활을 믿는다고 해도 '어떠한 형태와 모습으로 부활할 것인가?'에 대해서는 자신 있게 이야기하기도 꺼려지는 것이 사실입니다.

바울은 그와 같은 상황에 처해있는 사람들 즉, 몸의 부활, 육체의 부활을 온전하게 깨닫지 못하고, 믿지 못하는 자들에 대해서 무엇이라 표현하고 있습니까? 바로 36절 서두에서 '어리석은 자'라고 표현하고 있습니다. 바울은 35절과 같은 질문 즉, '죽은 자들이 어떻게 다시 살아나며 어떠한 몸으로 옵니까?'에 대하여 어떻게 답을 하고 있습니까? 바울은 고린도전서 15장 42-44절에서 네 가지로 명확하게 답을 하고 있습니다.

1) 몸의 부활은 썩지 않음으로 옵니다. 42절입니다. '죽은 자의 부활도 그와 같으니 썩을 것으로 심고 썩지 아니할 것으로 다시 살아나며'입니다. 우리가 잘 알고 있듯이 우리의 몸은 지금도 죽음을 향해 썩어가고 있습니다. 죽음을 향해 부패하고 있습니다. 그리고 실제로 우리가 죽게 되면 결국은 완전히 부패하여 썩게 됩니다. 과학기술이 엄청나게 발전하고 있으나 절대로 육체의 썩음을 막을 수는 없습니다. 지연할 수 있다고 하나 그것이 실제로 지연이 아니고 궁극적으로 온전히 썩음의 과정을 막을 수는 없습니다. 어떠한 것이라도 육체의 죽음을 완전하게 해결해줄 수 없습니다. 그런데 우리가 믿는 몸의 부활의 특징은 더 이상 썩지 않는 몸으로 나아간다는 것입니다. 다시 말하면 우리 몸이 죽지 않는 몸이 된다는 것입니다. 우리가 썩지도 죽지도 않는 영원한 몸을 가진다는 의미입니다. 썩지 아니할 존재로 다시 살아나는 것입니다.

2) 몸의 부활은 영광스럽게 옵니다. 43절 서두입니다. '욕된 것으로 심고 영광스러운 것으로 다시 살아나며'입니다. 몸의 부활을 통해 우리의 몸이 영광스럽게 다시 살아난다는 것입니다. 지금 우리의 몸은 그 영광스러움에 비한다면 얼마

나 천하고 부족합니까? 목욕탕에서 혹은 자신의 집에서 완벽하게 자신의 몸과 상태를 직시해보십시오. 우리는 영광스럽지 못합니다. 아무리 좋은 명품을 입고, 멋지게 있더라도 본질적으로 우리의 몸은 영광스럽지 못합니다. 그 명품이 우리의 욕된 것을 가려주지 않기 때문입니다. 우리의 몸은 여전히 죄 가운데 있으며, 실제로 죄를 범하며 살아가고 있습니다. 오늘도 죄를 범하였으며, 끊임없이 우리의 몸으로 우리는 죄를 짓고 있습니다. 죄를 향해 달려가고 있고, 죄로 인해 나의 눈과, 나의 손과, 나의 귀는 끊임없이 죄를 짓고 있습니다. 그러나 우리의 몸의 부활은 영광스럽게 옵니다. 우리는 이 영광스러운 변화를 이미 예수님을 통해 알고 있습니다. 마가복음 9장2-3절입니다. '엿새 후에 예수께서 베드로와 야고보와 요한을 데리시고 따로 높은 산에 올라가셨더니 그들 앞에서 변형되사, 그 옷이 광채가 나며 세상에서 빨래하는 자가 그렇게 희게 할 수 없을 만큼 매우 희어졌더라'입니다. 예수님께서 변화산에서 영광스럽게 나타나셨듯이 우리도 부활을 한다면 우리 몸도 실제 예수님과 같은 영광스러움으로 나타날 것입니다.

3) 몸의 부활은 강함으로 옵니다. 43절 후반입니다. '약한 것으로 심고 강한 것으로 다시 살아나며'입니다. 우리의 몸은 너무나도 연약합니다. 얼마나 연약한지 조금만 움직여도 지치고 힘들어집니다. 물을 조금이라두 마시지 못하거나, 잠을 조금이라도 자지 못하면 바로 몸에 이상이 옵니다.

예전 저는 저희 대학의 경건훈련원인 '무척산 기도원'에 신년집회가 있어 말씀을 전하고자 올라갔었습니다. 얼마나 그 오르막이 가파르던지, 정말 고생을 하였습니다. 말씀을 전하러 갔으니 등산복도 아니고 정장을 입고 가방을 들고 여간 불편한 것이 아니었습니다. 무척산 밑에 차를 주차하고 1시간 정도 등산을 해서 올라갔습니다. 연초의 날씨가 얼마나 춥든지 옷깃을 스며드는 칼바람은 살갗의 감각을 잃게 할 정도였습니다. 말씀 시간은 정해져 있었고, 강사 목사가 늦으면 안 되겠다고 생각하니 마음도 급해지고 진짜 별 생각이 다 들었습니다. 거기다가 다리도 아프고, 종아리가 무거워지고, 허리도 아프고, 심장도 급히 뛰고 힘이 들었습니다. 순간 '00대학교 교수 등산 중 심정지 사고 발생' 이런 기사도 떠올랐습니다! 그래도 하나님 은혜로 정시에 도착하여 지금도 살아있습니다. '무척산'은 '무척'이나 힘든 산이었습니다.

이런 것이 우리의 몸입니다. 조금만 무엇을 해도 우리는 연약해서 견디지 못합니다. 그런데 우리가 믿고 있는 그 몸의 부활은 바울이 분명히 밝히고 있듯이 강한 것으로 다시 살아난다는 것입니다. 이때 바울은 실제적인 힘, 능력을 표현할 때 쓰는 '두나메이'라는 단어를 쓰고 있습니다. 그리고 이 힘은 단순하게 영적인 것만으로 제한되지 않습니다. 정말로 우리의 몸이 강해지고, 능력 있게 되는 것입니다. 그야말로 실제적인 'power'를 의미합니다. 우리의 몸이 더 이상 연약해지지 않습니다. 그리고 이 '두나메이'는 신적인 힘과 영적 파워의 의미로 사용되기도 합니다. 이 '두나메이'라는 단어는 예수님께도 쓰이고 천사들에게도 쓰이는 단어입니다. 즉, 영적인 힘까지도 포함하여 죄의 유혹과 시험에도 넘어지지 않는 강한 몸, 강한 영적인 힘을 겸비한 몸으로 부활하는 것입니다.

육체의 병으로 고통당하고 있는 지체들이 많습니다. 그 과정은 그야말로 고통이고 우리를 괴롭게 하며, 지치게 합니다. 하지만 부활을 사모하십시오. 우리의 몸은 '두나메이' 강함으로 다시 살아납니다. 우리는 부활 소망을 가지고 살아가니 걱정마십시오. 지금의 육체의 연약함은 잠시입니다. 곧 우리는 강한 '두나메이'의 몸으로 부활할 것입니다.

4) 몸의 부활은 신령함으로 옵니다. 44절 서두입니다. '육의 몸으로 심고 신령한 몸으로 다시 살아나나니' 우리의 몸의 부활은 우리 몸을 신령함으로 다시 살아날 것을 분명히 밝히고 있습니다. 우리의 영혼이 거룩한 것 같이 우리의 몸도 신령하게 이루어진다는 것입니다. 이때 신령한 몸은 마치 신비적인 것이나 비물질적인 것을 절대로 뜻하지 않습니다. 신령한 몸이지만 우리가 현재 지니고 있는 몸의

연속성 속에서 신령하게 됩니다. 완전히 질적으로 달라지는 몸으로 되는 것입니다. 이 신령한 몸으로서의 부활이 당시 1차 수신자들에게는 얼마나 충격적이었겠습니까? 앞서 말씀을 드렸듯이 고린도 지역에 영향을 주었던 철학이나 영지주의 사상에서는 도저히 용납할 수 없었습니다. 하지만 성경은 분명히 우리의 몸의 부활이 신령함으로 온다는 것을 확인해줍니다.

몸의 부활을 믿는 다는 것: 몸의 부활

이런 것들이 우리가 고백하고 있는 사도신경의 '몸의 부활'에 대한 명확한 네 가지 이해입니다. 첫째, 몸의 부활은 썩지 않음으로 옵니다. 둘째, 몸의 부활은 영광스럽게 옵니다. 셋째, 몸의 부활은 강함으로 옵니다. 넷째, 몸의 부활은 신령함으로 옵니다. 몸의 부활을 믿고 있습니까? 실제적으로 삶을 영위하는 우리의 인생 속에서 부활을 부정하는 양태는 크게 두 가지 측면으로 나타날 수 있습니다. 첫째, 그야말로 몸의 부활 그 자체를 부정하는 것입니다. 육체적인 죽음의 상황에서 몸의 부활을 과학주의, 이성주의, 합리주의적인 차원에서 부정하는 것입니다. 둘째, 좀 더 고차원적으로 부활을 부정하는 것은 자신의 삶 가운데 부활신앙을 담아내지 못하는 것으로 나타날 수 있습니다. 부활을 머리로는 알고 있지만 정말 그것을 믿는 자로서 실제 삶 속에서 살아가지 않는 것입니다. 즉, 몸의 부활이 썩지 않음으로, 몸의 부활이 영광스러움으로, 몸의 부활이 강함으로, 몸의 부활이 신령함으로 온다는 것을 삶으로 담아내지 못하고 살아간다면 그것 역시 몸의 부활을 믿지 않는 자인 것입니다.

정말 부활을 믿고 받아들이고 살아간다면 삶의 태도에서도 부활을 고려한 부활신앙으로서의 삶을 살아가야 할 것입니다. 힘들고 어려워도 부활신앙으로 그것을 극복하고, 부활을 꿈꾸며 담대히 오늘을 살아가는 것입니다. 그런 자들의 삶에는 힘이 있습니다. 어려움은 있지만 낙망은 없는 것입니다. 몸의 부활을 온전히 믿는 다면 우리 삶에는 부활의 능력이 임하는 것입니다.

칼빈(Calvin)은 기독교강요 3권 25장 '최후의 부활'에서 그리스도의 몸의 부활이 주는 영적 유익성을 강하고도 자세히 설명하고 있습니다. 칼빈은 '주님이 다시 일어났기 때문에', '부활하셨기 때문에' 그의 부활의 능력이 우리 안에서 있음을 명확하게 가르쳐줍니다. 우리는 그 능력으로 이 땅을 담대히 살아가야 합니다. 부활 신앙이 우리 심장 속에 살아 있음으로 말미암아 '현세를 살면서도 영원을 품고 사는 놀라운 존재'로서 살아갈 수 있습니다.

[쉬운 실전 파트]

수업 목표
1. 이번 수업을 통해서 몸의 부활의 의미에 대하여 이해합니다.
2. 이번 수업을 통해서 몸의 부활이 주는 영적 유익에 대하여 이해합니다.

수업의 핵심: 교회학교 교사, 이것만 생각해보자!
본 수업은 몸의 부활과 그것이 주는 영적 유익을 학습하며, 이를 위해 교회학교 교사는 아래와 같은 질문과 나눔을 수행할 수 있습니다.

  1. 성경묵상 : 고린도전서 15장 42-44절을 묵상해봅시다.
  2. 몸의 부활의 의미 : 몸의 부활은 무엇입니까?
  3. 부활신앙 : 부활신앙으로 삶을 살아간다는 것은 무엇을 의미합니까?

수업 로드맵

단계	핵심주제	학습내용	시간(분)
도입	몸의 부활	▶ 몸의 부활이라는 것에 대한 학생들 생각 나누기	5
전개	몸의 부활의 의미(1)	▶ 몸의 부활에 대한 4가지 측면 설명하기	10
	몸의 부활을 믿는다는 것 (2)	▶ 몸의 부활을 믿음으로 얻는 영적 유익에 대하여 설명하기	10
정리	사도신경의 활용	▶ 부활신앙으로 삶을 살아가는 것의 의미를 설명하고 나누기	5

✓ 도입: 5분

   [활동] 몸의 부활
   - 학생들의 몸의 부활에 대한 생각을 자연스럽게 나누어봅니다.

✓ 전개: 20분

   [교육] 몸의 부활의 의미(1)
   - [쉬운 개념 파트]를 통하여 학생들에게 몸의 부활의 의미를 설명합니다.
   - 학생들과 해당 사항에 대한 생각을 자연스럽게 나눕니다.

   [교육] 몸의 부활을 믿는다는 것(2)
   - [쉬운 개념 파트]를 통하여 학생들에게 몸의 부활이 주는 영적인 유익을 설명합니다.
   - 학생들과 해당 사항에 대한 생각을 자연스럽게 나눕니다.

✓ 정리: 5분

   [활동] 사도신경의 활용
   - 학생들과 부활신앙으로 삶을 살아가는 것의 의미를 설명하고 나눕니다.

[쉬운 개념 파트]

영생의 의미: 영생을 믿는 것

우리가 일반적으로 영생을 생각하면 몇 가지의 이미지들이 떠오르는데 대표적인 것이 시간적인 개념입니다. '내가 영원히 산다'라고 할 때 그것은 '시간의 개념'에서 영원히 산다는 것을 떠올립니다. 만약 시간의 개념으로만 볼 때 신자들에게 있어 영생은 불신자의 그것과 큰 차이가 없습니다. 왜냐하면 불신자들 역시 그 영원한 시간의 개념 속에서 죽지 않고 살기 때문입니다. 물론 새 하늘과 새 땅인가 혹은 불못인가의 차이가 있지만 시간의 개념만으로 볼 때 두 영역 모두 영원의 개념 속에 있습니다.

실제로 주님께서 재림하실 때에 신자이든 불신자이든 모두 부활합니다. 그렇기 때문에 우리가 영생이라는 개념을 생각할 때 단순하게 '오래 산다, 시간이 무한대로 주어진 삶이다'와 같은 프레임에서 생각한다면 오해가 생길 수 있습니다. 왜냐하면 성경은 이 영생을 시간의 의미를 넘어 예수 그리스도 안에서 누리는 아주 '특별한 것'으로 여기고 있기 때문입니다. 그 특별함은 예수 그리스도를 믿는 이들만이 누릴 수 있는 아주 독특한 것입니다. 그리고 그것은 구원받은 이들에게만 주어지는 놀라운 것이지, 불신자들과 동일한 차원에서 이해될 수 없는 가치입니다. 불신자들에게는 온전한 의미의 영생이란 없습니다. 그들에게 영생의 가치는 적용될 수 없습니다.

그렇다면 성경에서 말하는 영생은 어떤 의미일까요? 우리가 사도신경에서 '영생을 믿습니다'라고 고백하는 것은 어떤 의미를 담고 있는 것일까요? 그 의미를 우리는 요한복음 5장 24절을 통해서 확인해볼 수 있습니다. 우선 요한복음 5장 24절은 5장 전체 흐름을 파악할 때 그 의미를 더욱 명료하게 확인할 수 있습니다. 5장 서두의 내용은 예수님께서 예루살렘에 올라가시게 되고, 거기 베데스다 못에서 38년 된 병자를 고치십니다. 그런데 요한복음 5장에서 그 내용은 간략하게 기술하고, 그 병고침과 관련된 논쟁에 집중하고 있음을 확인할 수 있는데, 바로 유대인들이 일어난 현상에 대해 보이는 매우 율법적인 접근을 기술하고 있습니다. 즉, 유대인들이 병자가 병 고침으로 생명에 이름과 회복에 집중하고 있지 않음을 5장에서는 밝혀주고 있으며, 그들이 예수님을 어떻게 위협하려 하는가를 보여주고 있습니다. 이를 테면 안식일을 범한 것과 하나님과 동등으로 삼으신 것에 집중하여 자신들의 종교적인 해석을 가하고 있습니다. 이는 본질을 외면한 유대인들의 모습을 여과 없이 보여주는 내용입니다. 그리고 이로 인해 예수님을 박해하기에 이르는 장면을 보여줍니다(16절).

  이러한 상황에서 예수님께서는 자신을 삼위 하나님으로서, 하나님의 아들로서의 권한에 대해서 명확하게 밝혀주셔야 했습니다. 유대인들이 사건의 본질을 벗어난 자신들의 종교적인 접근을 취함에 대하여 예수님께서는 확실하게 그 내용을 설명하시고자 하셨습니다.

  이러한 흐름 속에서 예수님께서 영생과 생명에 대해서 설명하고 계시기에, 예수님께서 보여주는 매우 극명한 진리의 내용들이 아주 잘 표현되어진 부분으로 이해할 수 있습니다. 왜냐하면 앞서 말씀드린 상황 자체가 매우 명확한 내용들을 밝혀주어야 했기 때문에 예수님께서는 친히 난해한 부분에 대해서 분명한 사항을 보여주셨습니다. 이는 우리들에게 주요한 지식과 의미를 알려주고 있으며, 영생에 대한 개념을 명확하게 하는 데 유익한 사항입니다. 주님께서 영생은 어떠한 것인가에 대하여 알려주시는 내용을 정리해본다면 다음과 같습니다.

  1) 영생은 예수님을 믿는 그 순간 시작된다는 것입니다. 5장 24절입니다. '내가 진실로 진실로 너희에게 이르노니 내 말을 듣고 또 나 보내신 이를 믿는 자는 영생을 얻었고…' 5장 24절 서두에서 요한은 예수님을 믿는 자가 언제 영생을 얻는다고 밝히고 있습니까? 그것은 '말을 듣고, 믿을 때'인 것입니다. 여기에 대해서

주님께서는 매우 강조하시는 표현 '진실로 진실로'를 통해 얼마나 이를 강조하시는가를 확인할 수 있습니다. 요한은 예수님의 말을 듣고 믿는 자는 그가 죽고 난 뒤에 영생을 얻는다고 하지 않습니다. 요한은 예수님의 '말을 듣고 믿는자는 믿는 그 순간' 즉시로 영생을 얻게 된다는 것을 명확하게 밝히고 있습니다. 영생의 시작은 예수님을 믿는 그 순간부터 시작됩니다. 예수님을 믿고 난 뒤 그분과 교제를 나누고, 그분 안에서 살아가고, 그분의 말씀에 귀를 기울이는 모든 것이 영생을 누리는 것입니다.

이러한 영생의 독특함에 대하여 요한은 다른 형식으로도 표현합니다. 요한복음 17장 3절입니다. '영생은 곧 유일하신 참 하나님과 그가 보내신 자 예수 그리스도를 아는 것이니이다' 영생을 무엇이라고 밝히고 있습니까? 요한은 '영생이 예수 그리스도를 아는 것'이라고 분명히 밝히고 있습니다. 이는 관념적인 것이 아니라 실제 생활의 수준에서 아는 것입니다. 예수님을 현실 속에서 고백하고, 예수님을 모시고 살아가는 것이 영생임을 강조합니다. 이것은 우리를 놀라운 교제의 수준으로 이끌어갑니다. 나의 삶의 현장에서 하나님 그리고 예수님과의 놀라운 관계를 형성시키기 때문입니다. 우리가 잘 알고 있듯이 아담과 하와가 에덴동산에서 죄를 범하고, 그리고 거기로부터 비참하게 쫓겨났을 그때부터 우리에게는 하나님과의 교제가 완전히 단절되었습니다. 그분과의 완전한 단절로 말미암아 우리는 그분과의 친밀한 사랑과 교제를 할 수 없었습니다. 죽음의 삶이고 생명과는 거리가 먼 존재가 된 것입니다.

하지만 분명하게 성경에서 밝히고 있듯이 우리가 예수님의 말씀을 듣고, 믿는 그 순간, 우리가 그분을 아는 그 시점에서 우리에게는 영생이 찾아오는 것입니다. 그것은 우리로 하여금 하나님과의 단절된 교제가 회복되고, 하나님과의 친밀한 사랑이 온전히 이루어지는 것을 의미하기도 합니다. 예수님을 믿습니까? 예수님을 진정 구원자로 고백하고 있습니까? 이제 신앙생활을 새롭게 시작하셨습니까? 그렇다면 우리는 지금 영생을 가졌고, 지금 영생을 누리고 있는 것입니다. 영생은 예수님을 믿는 그 순간 시작되기 때문입니다.

2) 영생은 하나님 나라의 영화로움이 보장된 것을 의미합니다. 우리는 앞서 살펴보았듯이 이미 현세에서 영생을 소유한 자들입니다. 그러므로 우리들은 영생을 소유했음으로 심판에 이르지 아니하고 생명의 자리로 나아가는 자들입니다.

5장 24절 후반절입니다. '…심판에 이르지 아니하나니 사망에서 생명으로 옮겼느니라' 우리들은 영생을 얻음으로 심판에 이르지 않습니다. 이는 우리가 벌써 이 땅에서부터 하나님께 의롭다고 인정함을 받았다는 것입니다. 이것은 우리가 그분의 은혜로 말미암아 확실하게 생명이 보장되어 있음을 의미합니다. 우리가 예수 그리스도를 믿음으로 말미암아 그분의 전적인 은혜로 의롭다 함을 받은 것입니다. 그러기에 우리는 심판에 이르지 않고, 생명의 자리로 나아갈 수 있습니다.

요한은 이 놀라운 장면을 계시록을 통해서 구체적이고 상세하게 설명하고 있습니다. 특별히 요한계시록 21장과 22장입니다. 분명히 확인할 수 있듯이 우리가 새 하늘과 새 땅에서 영생을 누리면서 살아가게 됩니다. 생명을 온전히 누리면서 살아가는 것입니다. 21장 4절입니다. '모든 눈물을 그 눈에서 닦아 주시니 다시는 사망이 없고 애통하는 것이나 곡하는 것이나 아픈 것이 다시 있지 아니하리니 처음 것들이 다 지나갔음이러라', 또 22장 3-4절입니다. '다시 저주가 없으며 하나님과 그 어린 양의 보좌가 그 가운데에 있으리니 그의 종들이 그를 섬기며, 그의 얼굴을 볼 터이요 그의 이름도 그들의 이마에 있으리라' 참으로 놀라운 곳입니다. 영생은 우리가 부활하여 우리의 몸과 영혼이 영화로운 상태에서 하나님과 함께 완벽하게 조화로운 삶을 살아가는 것을 의미합니다. 이것이 영생입니다. 생명이 넘치고, '다시는 사망이 없고 다시는 애통이 없고, 다시는 아픔이 없는' 하나님의 얼굴을 대면하는 곳에서 영화로운 상태로 살아갑니다. 그것이 영생입니다.

영생을 소유한자라면…: 영생을 믿는 것

그런데 중요한 것은 이 영생의 의미를 우리가 어떻게 적용하는가입니다. 우리가 예수님을 믿어 영생을 소유한자라면, 그리고 새 하늘과 새 땅을 바라보는 자라면 우리가 오늘을 어떻게 살아가야 할까요? 만약 우리가 이 영생을 소유한자라면 저는 몇 가지 특징이 있을 것이라 생각합니다.

1) 영생을 소유한자라면 하나님과의 교제에 집중할 것이 분명합니다. 예수 그리스도 안에서 충만하게 차오르는 기쁨과 즐거움이 넘칠 것입니다. 세상 그 어떤 것보다 놀라운 보물을 알고 있으니 거기에 우선순위를 두고 모든 것을 집중할 것입니다. 영생을 소유한자라면 하나님과의 교제에 집중할 것이 분명합니다.

2) 영생을 소유한자라면 세상 고난을 넉넉하게 이겨 나갈 것입니다. 이 세상의 고난, 진로 문제, 가정의 문제, 경제 등등. 이루말할 수 없는 상황들을 어찌 감당하며 살 수 있겠습니까? 하나님 나라와 그 주님의 위로를 바라보며 살지 않는 이상 우리는 그것을 감당할 수 없습니다. 영생을 소유한자라면 자신의 삶의 문제가 더 이상 문제가 아니며 넉넉히 감당할 줄 믿습니다.

영생을 소유한자라면 하나님과의 교제에 집중하며, 담대한 믿음으로 이 땅을 살아가는 자일 것입니다. 그 은혜가 교회학교 교사들에게 있어야 할 것이며, 우리의 다음세대에게 반드시 가르쳐야 할 내용입니다.

> ! [쉬운 실전 파트]

수업 목표

1. 이번 수업을 통해서 영생의 의미에 대하여 이해합니다.
2. 이번 수업을 통해서 영생을 소유한 자의 삶의 자세에 대하여 이해합니다.

수업의 핵심: 교회학교 교사, 이것만 생각해보자!

본 수업은 영생의 의미와 그것을 소유한 자들의 삶의 자세를 학습하며, 이를 위해 교회학교 교사는 아래와 같은 질문과 나눔을 수행할 수 있습니다.

1. 영생의 의미 : 성경에서 말하는 영생은 어떤 의미입니까?
2. 우리와 영생 : 우리에게 영생의 의미가 어떻게 적용되고 있습니까?
3. 영생을 소유했다는 것의 기쁨 : 영생을 소유한자로 살아간다는 것에 대해서 묵상해봅시다.

수업 로드맵

단계	핵심주제	학습내용	시간(분)
도입	영생에 대한 이미지	▶ 영생과 관련된 이미지를 학생들과 나누기	5
전개	영생의 의미(1)	▶ 영생은 예수님을 믿는 그 순간 시작됨 ▶ 영생은 하나님 나라의 영화로움이 보장됨	15
	영생을 소유한 자의 삶의 자세(2)	▶ 하나님과의 교제에 집중함 ▶ 담대한 믿음으로 이 땅을 살아감	5
정리	사도신경의 활용	▶ 영생의 의미를 알고, 자신의 삶을 담대하게 살아감을 나누기	5

✓ 도입: 5분

　[활동] 영생에 대한 이미지
　- 학생들의 영생과 관련된 이미지를 자연스럽게 나누어봅니다.

✓ 전개: 20분

　[교육] 영생의 의미(1)
　- [쉬운 개념 파트]를 통하여 학생들에게 영생의 의미를 설명합니다.
　- 학생들과 해당 사항에 대한 생각을 자연스럽게 나눕니다.

　[교육] 영생을 소유한 자의 삶의 자세(2)
　- [쉬운 개념 파트]를 통하여 학생들에게 영생을 소유한 자의 삶의 자세를 설명합니다.
　- 학생들과 해당 사항에 대한 생각을 자연스럽게 나눕니다.

✓ 정리: 5분

　[활동] 사도신경의 활용
　- 학생들과 영생의 의미를 알고 삶을 살아가는 것의 의미를 설명하고 나눕니다.

십계명

출애굽기 20장 1-17절

1 하나님이 이 모든 말씀으로 말씀하여 이르시되
2 나는 너를 애굽 땅, 종 되었던 집에서 인도하여 낸 네 하나님 여호와니라
3 너는 나 외에는 다른 신들을 네게 두지 말라
4 너를 위하여 새긴 우상을 만들지 말고 또 위로 하늘에 있는 것이나 아래로 땅에 있는 것이나 땅 아래 물 속에 있는 것의 어떤 형상도 만들지 말며
5 그것들에게 절하지 말며 그것들을 섬기지 말라 나 네 하나님 여호와는 질투하는 하나님인즉 나를 미워하는 자의 죄를 갚되 아버지로부터 아들에게로 삼사 대까지 이르게 하거니와
6 나를 사랑하고 내 계명을 지키는 자에게는 천 대까지 은혜를 베푸느니라
7 너는 네 하나님 여호와의 이름을 망령되게 부르지 말라 여호와는 그의 이름을 망령되게 부르는 자를 죄 없다 하지 아니하리라
8 안식일을 기억하여 거룩하게 지키라
9 엿새 동안은 힘써 네 모든 일을 행할 것이나

十誡命

¹⁰ 일곱째 날은 네 하나님 여호와의 안식일인즉 너나 네 아들이나 네 딸이나 네 남종이나 네 여종이나 네 가축이나 네 문안에 머무는 객이라도 아무 일도 하지 말라
¹¹ 이는 엿새 동안에 나 여호와가 하늘과 땅과 바다와 그 가운데 모든 것을 만들고 일곱째 날에 쉬었음이라 그러므로 나 여호와가 안식일을 복되게 하여 그 날을 거룩하게 하였느니라
¹² 네 부모를 공경하라 그리하면 네 하나님 여호와가 네게 준 땅에서 네 생명이 길리라
¹³ 살인하지 말라
¹⁴ 간음하지 말라
¹⁵ 도둑질하지 말라
¹⁶ 네 이웃에 대하여 거짓 증거하지 말라
¹⁷ 네 이웃의 집을 탐내지 말라 네 이웃의 아내나 그의 남종이나 그의 여종이나 그의 소나 그의 나귀나 무릇 네 이웃의 소유를 탐내지 말라

[쉬운 개념 파트]

누구를 대상으로 한 것인가?: 십계명의 의미

우리가 잘 알고 있듯이 십계명은 여호와 하나님께서 신자들에게 주시는 삶의 원리와 규칙입니다. 십계명의 원리를 온전하게 이해하고, 십계명이 무엇을 말하는가에 귀를 기울이는 것은 신자로서 마땅한 본분입니다. 나아가 성숙한 그리스도인으로 살아가는 데 많은 유익이 있을 것입니다.

본격적으로 십계명의 계명들을 살펴보기 전에 우리가 반드시 이해해야 할 내용들이 몇 가지가 있습니다. 그것은 바로 '출애굽기 20장 1-17절의 십계명은 누구를 대상으로 한 것인가?' 하는 것과 '그들에게 말씀하시는 하나님은 어떤 분이신가?' 라는 두 가지 측면입니다. 이러한 내용들은 십계명의 본래적인 의미들을 온전하게 이해하는 것에 도움이 될 것입니다.

먼저 이 십계명이 누구를 대상으로 한 것입니까? 당연히 이스라엘 백성들이지만 좀 더 구체적으로 하나님의 율법을 지켜야 하는 대상자들의 범위가 어떠한가 하는 것입니다. 십계명을 지켜야 하는 사람들은 애굽에서 인도된 사람들입니다. 거기에는 성인 남성과 여성들이 있을 것이며, 영유아를 포함하는 어린 세대들도 있을 것입니다. 그러므로 하나님의 율법과 십계명은 모든 세대에게 포함되는 것입니다. 그렇기에 특별히 저는 다음세대들에게 이것을 가르쳐야 함을 강조하고 싶습니다.

출애굽기 20장의 말씀은 이스라엘 백성들의 자녀들에게도 해당되는 것입니다. 어찌 보면 당연한 것이지만 그들도 하나님의 말씀을 지켜야 하는 것입니다. 개혁신앙 그리고 그것을 지향하는 개혁교회는 유아세례를 통하여 언약의 영속성을 믿습니다. 언약의 영속성 안에서 자녀들도 하나님의 백성임을 선포하고 있습니다. 자녀들에 대한 하나님 말씀의 첫 번째 교사는 바로 부모입니다. 십계명에서 하나님으로부터 말씀을 받은 부모는 자녀의 신앙교육을 교회의 리더에게만 맡기지 않았습니다. 부모들이 직접 그것을 가르친 것입니다.

개혁교회에서의 신앙교육은 부모가 책임을 지고 있습니다. 말씀 안에서 부모는 자기 자녀가 하나님의 뜻을 잘 이루도록 양육해야 합니다. 교회에서 설교와 주일학교 교육을 통해서 이루어지지만 무엇보다 기독교교육은 가정에서 이루어져야 합니다. 철저히 말씀에 근거하여 우리의 신앙과 유산을 다음 세대들에게 가르쳐야 합니다. 자녀들에게 이것을 전수해야 합니다. 그들에게 삶과 인생의 성패가 학력과 학벌, 경제적 지위와 좋은 직업에 달려있는 것이 아니라 하나님 말씀 안에서 신실하게 살아가는 것이 진정한 성공임을 가르쳐야 합니다.

하나님의 사랑: 십계명의 의미

다음으로 우리가 살펴볼 것은 이 십계명을 주시는 하나님에 대한 것입니다. 앞서 말씀드렸듯이 이스라엘 백성들은 출애굽한 이후 시내산에서 십계명을 받았습니다. 하나님께서는 그의 백성을 애굽으로부터 해방하신 후에 하나님의 법을 주셨습니다. 이 부분은 매우 흥미롭습니다. 하나님의 율법은 시내산 이전에도 분명히 있었습니다. 창조 때부터 하나님의 법은 존재하였습니다. 그때부터 하나님 이외에 다른 신을 섬기는 것은 금지된 사항입니다. 족장 시대의 많은 인물들을 보십시오. 얼마나 하나님을 섬기며 하나님의 말씀을 중요시 여겼습니까. 그들에게도 우상숭배는 분명 범죄였습니다.

십계명을 주신 시점을 생각할 때 정말 하나님의 사랑을 느낄 수 있습니다. 정말 감사할 수 있습니다. 왜냐하면 그 시점을 생각할 때 하나님께서는 십계명을 구원의 조건으로 주신 것이 아니라는 것입니다. 만약 하나님께서 이스라엘 백성들이 애굽에서 나오기 전에 십계명과 율법을 지키라고 말씀하셨다면 아마도 그것은 구원의 조건이 되었을 것입니다. 감사하게도 하나님께서는 그렇게 말씀하시지 않았습니다. 그리하였더라면 아마도 이스라엘 중 어떤 이들이라도 애굽에서 나올 수 없었을 것입니다.

이것이 그들에게 말씀하시는 하나님의 모습입니다. 우리 하나님께서는 먼저 그들을 사랑하셨습니다. 그들을 먼저 해방시키고 그런 다음에서야 구원받은 이들이 삶의 원리로 삼아야 할 십계명을 주셨습니다. 이스라엘 백성에게 있어 십계명은 구원의 조건이 아닙니다. 하나님께서 구원하신 결과로서 다가오는 것입니다. 은혜로 다가오는 것입니다. 하나님께서 그들을 구원하셨음으로 이제는 그들이 하나님의 법 안에서 하나님의 질서 안에서 살아가는 것은 당연합니다.

이는 예수 그리스도의 구속 사역에서도 동일하게 나타납니다. 예수 그리스도께서 십자가에 죽으심으로 우리에게 다가오셨습니다. 그의 십자가의 사랑으로 우리를 구원해주셨습니다. 그 구원은 은혜의 선물입니다. 우리의 어떠한 공로가 있을 수 없습니다. 우리의 어떠한 노력도 없습니다. 오직 믿음으로 구원을 얻는 것입니다. 할렐루야! 이것이 하나님의 사랑 방식입니다. 이런 분이 하나님이십니다. 우리를 먼저 사랑하시고 우리에게 먼저 다가오시는 분입니다.

이스라엘 백성들의 상황과 그들에게 역사하시는 하나님을 생각해보십시오. 우리도 동일하지 않습니까? 우리도 이스라엘 백성들과 같이 엄청난 삶을 하루하루 살아가고 있습니다. 하나님께서 순간순간 나와 우리의 삶을 인도하시는 분임을 경험하고 있습니다. 잠시라도 하나님의 손길이 없으면 생명을 유지할 수 없고, 삶을 영위할 수 없는 우리들이지 않습니까! 하나님이 지켜주시지 않는다면 어떻게 우리가 살아가겠습니까? 어떻게 우리 공동체와 가정이 온전하겠습니까?

그리고 그 하나님이 우리를 먼저 사랑하셔서 다가오셨습니다. 그분의 은혜로 하나님의 백성이 되었습니다. 원죄와 자범죄 그리고 비참한 상태에 있던 우리에게 중보자 그리스도를 허락해주시어 하나님의 백성으로, 자녀로 삼아주셨습니다. 그러므로 우리는 이제 하나님의 질서 안에서 살아가야만 하는 존재입니다. 하나님의 말씀만을 의지해서 살가야 하는 존재입니다. 이 두 가지 즉, 십계명을 지켜야 할 대상 그리고 하나님을 기억하십시오. 이것은 앞으로 십계명을 이해하는 데 주요한 개념으로 작용할 것입니다.

[쉬운 실전 파트]

수업 목표

1. 이번 수업을 통해서 십계명의 대상에 대하여 이해합니다.
2. 이번 수업을 통해서 하나님의 사랑에 대하여 이해합니다.

수업의 핵심: 교회학교 교사, 이것만 생각해보자!

본 수업은 십계명의 대상과 하나님의 사랑을 학습하며, 이를 위해 교회학교 교사는 아래와 같은 질문과 나눔을 수행할 수 있습니다.

1. 십계명의 대상 : 십계명을 지켜야 할 대상은 누구입니까?
2. 십계명을 주신 시점 : 십계명은 주신 시점에 대하여 깊이 묵상해봅시다. 특별히 구원과 관련하여 함께 나누어 봅시다.
3. 하나님의 사랑 : 십계명을 주신 하나님은 어떤 분이십니까?

수업 로드맵

단계	핵심주제	학습내용	시간(분)
도입	십계명 읽기	▶ 출애굽기 20:1-17를 읽기 ▶ 십계명에 대한 학생들의 이미지 나누기	5
전개	십계명의 대상(1)	▶ 십계명의 대상은 모든 연령을 포함함을 인식하기 ▶ 신앙교육의 중요성을 강조하기	10
	하나님의 사랑(2)	▶ 십계명을 주신 시점을 설명하기	10
정리	십계명의 활용	▶ 은혜로 구원받음에 대한 감사의 반응으로 거룩하게 살아가는 것	5

√ 도입: 5분

[활동] 십계명 읽기
- 학생들과 출애굽기 20장 1-17절를 읽고, 십계명에 대한 학생들의 이미지를 자연스럽게 나누어봅니다.

√ 전개: 20분

[교육] 십계명의 대상(1)
- [쉬운 개념 파트]를 통하여 학생들에게 십계명의 대상을 설명학고, 신앙교육의 중요성을 강조합니다.
- 학생들과 해당 사항에 대한 생각을 자연스럽게 나눕니다.

[교육] 하나님의 사랑(2)
- [쉬운 개념 파트]를 통하여 학생들에게 십계명을 허락하신 시점과 그것이 의미하는 하나님의 사랑을 설명합니다.
- 학생들과 해당 사항에 대한 생각을 자연스럽게 나눕니다.

√ 정리: 5분

[활동] 십계명의 활용
- 학생들과 구원받음에 대한 감사의 반응으로 거룩하게 살아가야 함을 설명하고 나눕니다.

> [쉬운 개념 파트]

계명들의 기초:
너는 나 외에는 다른 신들을 네게 두지 말라

이제부터 차분하게 제1계명을 살펴보도록 하겠습니다. '너는 나 외에는 다른 신들을 네게 두지 말라' 이것은 이후에 살펴볼 아홉 가지 계명들의 기초가 되는 선포입니다. 하나님의 언약과 하나님의 백성은 이 근본적인 선포를 받아들여야 합니다. 하나님의 엄중한 명령은 히브리어 원어에서도 확인할 수 있습니다. '신들(엘 에하드)'는 '다른 신들'의 복수의 의미지만 문법적으로 모든 신들로 합쳐서 단수로 쓰고 있습니다. 즉, 모든 이방신들이 하나로 뭉쳐서 단 하나의 다른 신도 존재함이 없어야 하는 것입니다. 이는 구원을 주신 하나님 이외에 다른 신들을 두는 것을 용납하지 않는 것입니다. 특별히 첫 계명은 십계명의 서문과 연결되어 더욱이 점을 강조합니다. 십계명의 서문을 봅시다.

'나는 너를 애굽 땅, 종 되었던 집에서 인도하여 낸 네 하나님 여호와니라' 하나님께서 이스라엘 백성을 애굽 땅에서 구원하셨습니다. 그 백성들에게 구원을 주셨습니다. '나는 여호와'는 '아노키 야훼'로서 자기 선포적인 구약의 독특한 표현입니다. 하나님께서는 자기를 선언하신 것입니다. 무엇이라고 자신을 선포하셨습니다. 바로 이스라엘의 구원자이심을 선포하셨습니다.

신을 섬기는 것은 구원과 직접적으로 관련된 문제입니다. 다른 신들은 구원을 주지않습니다. 절대 줄 수 없습니다. 오직 하나님만이 이스라엘 백성들을 구원하셨고, 그들에게 구원을 주신 분입니다. 오직 하나님만이 유일한 신이십니다. 당시 1차 수신자들인 이스라엘 백성들이 이 명령을 들었을 때는 정말 많은 생각을 하였을 것입니다. 왜냐하면 이스라엘 백성들은 그야말로 다른 신들을 잘 알고 있었기 때문입니다. 그들이 누구입니까? 다신론 국가였던 애굽에서 살아갔던 자들이지 않습니까? 그들은 다른 신들을 잘 알고 있었습니다. 애굽 태양의 신인 '이시스'를 알고 있었습니다. 죽음의 신인 '오시리스'도 알고 있었을 것입니다. 어떻게 그들을 섬기는 것인가를 보기도 하였습니다. 그뿐입니까. 출애굽 이후에 가나안에서도 많은 신들이 있었습니다. 대표적으로 이스라엘 백성들은 '바알과 아스다롯'을 섬기는 이들을 보았을 것입니다. 바알은 자연의 신입니다. 아스다롯은 성과 다산의 신이었습니다. 그들은 그 신들을 잘 알고 있었습니다. 그 신들이 구원자로서 묘사되는 것을 가까이에서 보았을 것입니다. 호세아 4장 12-14절을 보십시오.

> 12 내 백성이 나무에게 묻고 그 막대기는 그들에게 고하나니 이는 그들이 음란한 마음에 미혹되어 하나님을 버리고 음행하였음이니라
> 13 그들이 산 꼭대기에서 제사를 드리며 작은 산 위에서 분향하되 참나무와 버드나무와 상수리나무 아래에서 하니 이는 그 나무 그늘이 좋음이라 이러므로 너희 딸들은 음행하며 너희 며느리들은 간음을 행하는도다
> 14 너희 딸들이 음행하며 너희 며느리들이 간음하여도 내가 벌하지 아니하리니 이는 남자들도 창기와 함께 나가며 음부와 함께 희생을 드림이니라 깨닫지 못하는 백성은 망하리라

그들의 환경에는 난잡함이 도사리고 있었습니다. 먹고 마시고, 종교의식으로 매춘을 하는 것입니다. 마치 그들에게 구원과 참된 복이 있는 것처럼 살아갔던 것입니다. 이 모든 것을 알고 있는 이스라엘 백성들에게 하나님께서는 가장 먼저 자신 이 외에 다른 신들을 그들의 삶의 중심에 두지 말라는 것입니다. 그 신들은 거짓이며, 구원을 줄 수 없는 무의미한 것들임을 선포하는 것입니다. 자신들의 삶에 깊숙이 자리잡을 수 있는 그 이방신들을 철저히 배제하라는 것입니다. 하나님은 이 참된 지식을 알리셨고, 다른 신들이 할 수 없는 구원의 은혜를 베푼 존재임을 명확하게 알리셨습니다. 그러므로 이 첫 번째 계명은 십계명의 서문과 관련하

여 본다면 하나님의 명령이면서 동시에 참된 구원의 복음이기도 합니다.

무엇이 우리의 우상인가?:
너는 나 외에는 다른 신들을 네게 두지 말라

무엇이 우리의 우상입니까? 무엇이 우리의 이시스이고, 오시리스입니까? 무엇이 우리의 바알이고, 아스다롯입니까? 마이클 호튼(Michael S. Horton)은 오늘날 그리스도인들에게 우상들은 성, 미신, 돈과 관련된 상업과 경제, 유희, 권력과 민족주의라고도 제시하였습니다. 참으로 동의가 됩니다. 나아가 우리의 시선을 사로잡는 많은 쾌락적인 활동들, 과도한 취미들, 자녀들에 대한 왜곡된 교육열, 무절제한 생활 모두가 여기에 포함됩니다. 우리 신앙의 경건을 유지하지 못하게 하는 것들이 얼마나 많습니까? 우리도 여기에서 자유로울 수 있겠습니까?

이와 관련하여 요한1서의 표현으로는 '육신의 정욕과 안목의 정욕과 이생의 자랑'이 될수 있을 것입니다(요한1서 2장 16절). 요한에게 있어 육신의 정욕은 죄악된 육신의 욕심, 욕구 그리고 탐욕적으로 원하는 것을 의미합니다. 특별히 육신의 정욕, '에피튀미아'는 육체적인 정욕과 관련된 것이며, 이는 이단들이 육체적으로 방탕한 생활을 하면서 살아갔음을 말합니다. 안목의 정욕은 안목의 욕구로서 우리가 죄악된 것을 봄을 통해 욕심을 일으키고, 죄를 짓도록 유혹하고 있는 모든 것입니다. 이생의 자랑은 생활수단으로서 재산 또는 부를 가리키며 이생의 자랑은 재산을 자랑하는 것, 재물을 신뢰하고 교만하게 떠드는 것을 의미합니다. 결국 이런 것들을 요약하면 육체의 정욕과 재물에 대한 신뢰로 요약할 수 있으며, 이 모든 것은 하나님 아버지로부터 나온 것이 아닙니다. 바로 세상을 좇아 온 것입니다. 이런 모든 것들은 하나님을 대체하게 하는 것들입니다. 바로 우상의 숭배입니다. 참 두렵습니다. 하나님을 대체할 수 있는 것들이 저의 삶과 우리의 삶에는 너무 많습니다.

우리도 여기에 해당 합니다. 경계해야 할 것입니다. 아버지께로부터 좇아 온 것을 거부하고 세상을 좇아 온 것을 따른다면 그것은 하나님을 대체하는 것입니다. 이것은 제1계명을 어기는 것입니다.

'너는 나 외에 다른 신들을 네게 두지 말라' 그야말로 우리는 하나님만을 우리 삶의 중심에 두어야 합니다. 다른 것으로 그 자리를 대체하지 말아야 합니다. 다른 어떤 세상 것으로 하나님의 우선순위를 대체하지 말아야 합니다. 하나님 이외에 다른 신들을 섬기지 말아야 합니다.

> [쉬운 실전 파트]

수업 목표

1. 이번 수업을 통해서 계명의 기초로서 제1계명의 의미를 이해합니다.
2. 이번 수업을 통해서 경건한 신앙생활의 의미를 이해합니다.

수업의 핵심: 교회학교 교사, 이것만 생각해보자!

본 수업은 제1계명의 의미와 경건한 신앙생활의 의미를 학습하며, 이를 위해 교회학교 교사는 아래와 같은 질문과 나눔을 수행할 수 있습니다.

1. 상황과 맥락 : 1차 수신자들의 삶의 맥락과 상황들을 고려하면서 제1계명의 의미들이 어떻게 구성되었을지 상상해보십시오.
2. 제1계명의 위치 : 제1계명이 십계명의 전체 구조에서 가지는 의미는 무엇입니까?
3. 적용 : 교회학교 교사로서 우리의 삶 속에서 제1계명을 어떻게 적용할 수 있을까요?

수업 로드맵

단계	핵심주제	학습내용	시간(분)
도입	십계명 읽기	▶ 출애굽기 20:1-17를 읽기 ▶ 제1계명에 대한 학생들의 이미지 나누기	5
전개	계명들의 기초 (1)	▶ 계명들의 기초로서 제1계명의 의미를 설명하기	10
	무엇이 우리의 우상인가? (2)	▶ 경건한 신앙생활에 대하여 강조하기	10
정리	십계명의 활용	▶ 하나님을 최우선으로 살아가는 것	5

√ 도입: 5분

   [활동] 십계명 읽기

   - 학생들과 출애굽기 20장 1-17절을 읽고, 제1계명에 대한 학생들의 이미지를 자연스럽게 나누어봅니다.

√ 전개: 20분

   [교육] 계명들의 기초(1)

   - [쉬운 개념 파트]를 통하여 학생들에게 계명들의 기초로서 제1계명의 의미를 설명합니다.

   - 학생들과 해당 사항에 대한 생각을 자연스럽게 나눕니다.

   [교육] 무엇이 우리의 우상인가?(2)

   - [쉬운 개념 파트]를 통하여 학생들에게 오늘날의 우상 혹은 자신의 삶 속에서의 우상을 점검하게 합니다.

   - 학생들과 해당 사항에 대한 생각을 자연스럽게 나눕니다.

√ 정리: 5분

   [활동] 십계명의 활용

   - 학생들과 하나님을 최우선으로 살아가는 것의 의미와 기쁨을 자연스럽게 나눕니다.

> [쉬운 개념 파트]

내가 만든 신: 너를 위하여 새긴 우상을 만들지 말고…

제1계명의 하나님에 대한 신앙을 기본으로 하여 좀 더 구체적인 하나님과의 관계와 내용들을 살펴보고자 합니다. 제2계명은 우상과 형상에게 절하고 섬기는 것을 금지하고 있습니다. 내용으로만 볼 때는 제1계명과 제2계명은 동일한 것으로 차이가 없어 보입니다. 왜냐하면 둘 다 모두 다른 신을 섬기는 것에 대해서 이야기하는 것 같기 때문입니다. 하지만 이 두 가지 계명은 동일한 것이 아니라 분명한 차이를 가지고 있습니다.

첫째 계명이 다른 신을 섬기는 것을 금하고 있으며, 이 내용 안에는 다른 신의 우상과 형상에 절을 하고 섬기는 것이 포함되어 있습니다. 당연한 것이 아닙니까. 다른 신들을 섬긴다는 것에는 실제로 그와 관련된 행위와 마음이 담겨야 하기 때문입니다. 그러므로 제2계명이 의미하는 바는 단순하게 하나님이 아닌 다른 신에게 절을 하고 섬기는 것이 아니라 직접적으로 하나님의 형상, 하나님으로 묘사된 그 어떤 것에 절하는 것을 금지합니다. 그리고 2계명, 3계명, 4계명 모두 하나님을 섬기는 방법에 대한 세부 규정들입니다. 이와 관련해서는 차츰 하나하나 살펴보겠습니다.

이스라엘 백성들을 인도하신 하나님, 자신들을 구원으로 인도하신 하나님을 우상의 형상으로 만들어서 섬기는 것을 금지합니다. 그들의 하나님을 어떠한 독특한 모습으로, 특정한 형태로 구성하여 섬기는 것을 금지하는 것입니다. 이러한 금지는 우리와 같은 신앙공동체와 신학적인 배경을 가진 사람들에게는 당연하게 생각할 수 있는 사항입니다. 그러므로 하나님께서 그것을 금지한 것에 대하여 쉽게 이해가 되질 않습니다. 하나님의 형상을 만들지 않고 그분을 섬긴다는 것이 당연하게 느껴진다는 것입니다.

그러나 당시 1차 수신자들의 상황은 우리의 상황과는 많은 차이가 있음을 다시 한번 기억해야 합니다. 이스라엘 백성들은 그들의 삶의 주변 환경에서 쉽게 이방신들의 내용들을 확인할 수 있었던 자들입니다. 그들 주위의 이방사람들은 자신들이 섬기는 신들에 대한 구체적인 형상들을 가지고 있었습니다. 그들의 문화와 삶 자체가 신을 섬긴다고 할 때 어떠한 형태를 나타내어야 하는지에 관해 정해져 있었다는 것입니다. 예를 들어 태양의 모양이나, 새의 모양, 다른 동물들의 모양을 가진 신들을 섬기는 것이며, 신이라 하였을 때는 분명 특징적인 형틀 속에서 이해되었다는 것입니다.

이와 관련하여 충분히 상상을 할 수 있을 것입니다. 당시의 일반적인 사람들과 우상숭배를 행하였던 이방인들의 경우 자신들이 섬기는 신들에 대한 명확한 모양과 형상을 가지고 있었습니다. 그러므로 그러한 시대와 문화를 살고 있었던 이스라엘 백성들에게는 신에 대한 형상을 상상하고 생각하는 것은 매우 당연한 것이며, 매우 자연스럽게 이해되었습니다. 그리고 특정한 형식으로 신의 개념을 이해하였을 가능성이 큽니다. 또한 당연히 그러한 방식으로 신을 섬겨야지라고 생각했을 것입니다. 그렇지 않겠습니까? 그들의 상황과 수준에서 말입니다. 아주 당연한 것입니다.

그러므로 이러한 맥락에서 하나님께서는 그들에게 그와 같은 방식으로 나를 섬겨서는 안 된다고 명령하시는 것입니다. 하나님께서는 어떠한 우상 속에서 하나님을 섬기길 바라지 않으십니다. 하나님께서는 자신을 어떠한 형태와 양식으로 바라보지 않길 원하십니다.

그러나 문제는 이스라엘 백성들이 그러한 식의 섬김과 종교적 행위를 강하게 원한다는 것입니다. 이방민족들과 같이 자신들의 욕심을 채우기 위해 특정한 형상 안에서 신을 섬기길 원한다는 것입니다. 자신들의 사고 체계 안에서 자신들의 욕망을 투사시키는 것입니다. 자신들이 원하고, 자신들의 바라는 것이 투사되는 그러한 형상으로서의 신을 만들어 내는 것입니다. 그와 같은 모습이 극명하게 나타난 것이 바로 출애굽기 32장입니다. 특별히 1-6절을 보십시오.

> 1 백성이 모세가 산에서 내려옴이 더딤을 보고 모여 백성이 아론에게 이르러 말하되 일어나라 우리를 위하여 우리를 인도할 신을 만들라 이 모세 곧 우리를 애굽 땅에서 인도하여 낸 사람은 어찌 되었는지 알지 못함이니라
> 2 아론이 그들에게 이르되 너희의 아내와 자녀의 귀에서 금 고리를 빼어 내게로 가져오라
> 3 모든 백성이 그 귀에서 금 고리를 빼어 아론에게로 가져가매
> 4 아론이 그들의 손에서 금 고리를 받아 부어서 조각칼로 새겨 송아지 형상을 만드니 그들이 말하되 이스라엘아 이는 너희를 애굽 땅에서 인도하여 낸 너희의 신이로다 하는지라
> 5 아론이 보고 그 앞에 제단을 쌓고 이에 아론이 공포하여 이르되 내일은 여호와의 절일이니라 하니
> 6 이튿날에 그들이 일찍이 일어나 번제를 드리며 화목제를 드리고 백성이 앉아서 먹고 마시며 일어나서 뛰놀더라

이스라엘의 연약함이 그대로 나타나고 있습니다. 참으로 어리석고 안타까운 모습입니다. 이방신을 섬기는 모습과 행태를 고스란히 전능하신 하나님, 참 신이신 하나님께도 적용하고있습니다. 이러한 욕심과 욕망은 자신의 상황과 맞물릴 때 더욱 강하게 표출됩니다. 열왕기상 12장에서도 확인할 수 있습니다. 열왕기상 12장 27-29절입니다.

> 27 만일 이 백성이 예루살렘에 있는 여호와의 성전에 제사를 드리고자 하여 올라가면 이 백성의 마음이 유다 왕 된 그들의 주 르호보암에게로 돌아가서 나를 죽이고 유다의 왕 르호보암에게로 돌아가리로다 하고
> 28 이에 계획하고 두 금송아지를 만들고 무리에게 말하기를 너희가 다시는 예루살렘에

> 올라갈 것이 없도다 이스라엘아 이는 너희를 애굽 땅에서 인도하여 올린 너희의 신들이라 하고
>
> 29 하나는 벧엘에 두고 하나는 단에 둔지라

여로보암 왕의 죄도 이와 같습니다. 이러한 섬김은 우리 하나님께서 명하신 것이 아닙니다. 하나님께서는 자신을 인간의 욕망과 욕심의 투사체로서 바라보길 원하지 않습니다. 이는 완전히 잘못된 생각입니다. 결국 이스라엘 백성과 여로보암 왕은 하나님의 진노하심 아래 놓이게 됩니다. 출애굽기 32장 10절 상반절, '그런즉 내가 하는대로 두라 내가 그들에게 진노하여 그들을 진멸하고…'입니다. 또한 여로보암의 경우 열왕기상 13장을 보면 처참한 결과를 확인 할 수가 있습니다. 이를 통해서 하나님께서 우상을 통해 자신을 섬기는 것에 대하여 얼마나 강하게 부정하고 있는가를 알 수 있습니다. 다시 말해서 하나님께서 자기에 대한 우상을 만들어 섬기는 행위에 대해서 어떻게 벌하시는가를 통해 그것을 하나님께서는 원하지 않으심을 분명히 확인할 수 있습니다. 하나님께서는 그런식으로 자기 백성과 관계하시지 않습니다. 자신을 사랑하는 백성들과 관계하실 때에 이방의 신들과 같은 방식은 아주 강하게 거부하십니다.

하나님의 우상이 만들어진다는 것은 바로 인간의 입장에서, 인간의 편에서 이해하는 방식입니다. 자신들이 만들어내는 신의 형상, 자신들이 원하는 신의 모습을 구체적으로 우상의 형상으로 구현하는 것입니다. 이것은 인간의 욕심입니다. 우리 욕망의 투사입니다. 우리 타락함의 반영입니다. 하나님 편에서는 그러한 식의 모습은 원하지 않으십니다. 하나님께서는 온전히 하나님께서 원하시는 방법으로 우리에게 나타나기 원하십니다. 우리의 욕심과 욕망이 투영된 형상이 아니라 온전히 하나님께서 허락하시는 계시 안에서 나타나기 원하십니다. 그리고 우리는 하나님의 그 계시 안에서 하나님을 섬겨야 합니다. 이 부분은 오늘을 살아가는 우리들에게도 그대로 적용이 됩니다. 혹시 우리 가운데 내가 생각하는 하나님,

내가 원하는 하나님을 설정하고 있는 것은 아닙니까? 내가 원하는 하나님만을 그리고 있는 것은 아닙니까? 내가 필요한 부분을 바라면서 나의 욕망을 그분께 투사하여 그분을 설정하고 있지는 않습니까?

우리가 하나님은 어떤 분일까 상상하고 그분을 사랑하며 늘 가까이 하고자 고민하는 것은 신앙에 유익할 것입니다. 반드시 필요한 부분입니다. 그러한 신앙적인 생각들을 가져야 합니다. 하지만 오직 성경에서, 오직 말씀에서 계시된 하나님의 속성들과 하나님께서 우리들에게 계시하신 그분의 다양한 속성들을 온전히 받아들이지 않고 내가 원하는 하나님만, 내게 필요한 하나님의 모습만을 집중한다면 우리 모두는 둘째 계명을 범하는 결과를 초래할 수도 있습니다. 예를 들어 하나님 나라의 공의와 정의를 버리면서까지 나의 잘 됨과 나의 유익을 위해 기도한 적은 한번도 없습니까? 신앙 공동체의 안위보다 개인적인 나의 욕심을 채우기 위해 기도한 적은 한번도 없습니까? 이런 것들은 모두 내가 원하는 하나님을, 내게 필요한 하나님의 모습만을 집중한 연약한 모습입니다.

이 글을 준비하면서 십계명과 관련된 연구와 자료를 찾아보았습니다. 그중에서도 예전 고신대학교 신학대학원(고려신학대학원)의 교수선교사로 사역하셨던 고재수(N.H.Gootjes) 교수님의 책과 복음주의 지성인 제임스 패커(James Packer) 교수님의 책에서 많은 도움을 얻었습니다.

고재수 교수님과 제임스 패커 교수님은 제2계명과 관련하여서 왜 이스라엘 백성들이 하나님의 우상을 수송아지로 택하였는가를 밝혀주고 있습니다. 왜 그랬을까요? 왜 많은 형상과 우상들 중에서 유독 그들은 수송아지였을까요? 그분들에 따르면 그것은 매우 의도적인 이스라엘 백성들의 선택이었습니다. 그 이유는 바로 애굽의 문화 속에서 수송아지가 능력과 비옥의 상징이었기 때문입니다. 그들이 알고 있는 능력과 풍요는 수송하지를 통해서 상징되었기 때문에 그들이 수송아지를 하나님으로 선택했다는 것입니다. 그리고 그 이면에는 능력과 삶의 풍요를 주는 신이 그들에게 필요했던 것입니다. 그들이 원하는 신은 그런 측면만이 강조된 신이었으며, 하나님도 그러한 신이 되어주길 바랬던 것입니다.

실제로 아론은 백성들의 요구를 받고 금을 모았습니다. 그리고 그 금으로 송아지 모양을 만들어 신상을 만들었습니다. 그리고 무엇이라 선포하였습니까? 출애굽기 32장 4절입니다. '이스라엘아 이는 너희를 애굽땅에서 인도하여 낸 너희의 신이로다' 참담합니다. 그들은 하나님을 거부한 것이 아닙니다. 그들은 하나님을 섬기지 않겠다라고 한 적이 없습니다. 그들은 하나님을 섬기고자 한 것이며, 그들은 하나님을 예배하였습니다. 다른 신을 섬기지 않았습니다. 하나님을 섬기되 이방인이 섬기는 방식 그리고 그들의 욕심과 욕망으로 섬기는 하나님을 만들어낸 것입니다.

두렵지요. 무언가 가슴이 철렁하는 것은 없는지요. 우리가 만든 하나님은 어떠합니까? 우리가 신앙생활하면서 원하는 하나님은 어떤 모습입니까? 우리의 하나님은 어떠한 존재로 묘사되고 있습니까? 구체화된 형상보다도 그 이면에 감춰진 인간들의 죄악된 욕망들이 더욱 무섭습니다. 우상은 그것으로 만들어지고 표현됩니다. 실제로 하나님께서 경계하시고 말씀하시는 것은 바로 그 인간의 내면의 모습입니다.

이 부분의 글을 쓰면서 제 자신이 얼마나 부끄러운 줄 모르겠습니다. 저 역시 실제로 그 제2계명을 어기면서 살아왔기 때문입니다. 내가 원하는 하나님만을, 내게 필요한 하나님의 모습만 설정하여 그렇게 달려왔던 것도 사실입니다. 노심초사하며 나의 세속적인 성공과 인생의 안위만을 위해 기도한 적이 한두 번이 아닙니다. 안정된 직장을 위해서 경제적인 부를 위해서, 좀 더 영광스럽게 사람이 보기에 좋은 것을 좇아 달렸던 저의 모습이었습니다. 그리고 그것을 하나님의 영광이라는 이름으로 그럴듯하게 포장하였던 저의 모습을 봅니다. 높은 자리를 선점하여 영향력을 행사하는 것이 하나님을 위하는 길이라 생각했습니다. 그래서 '물질을 주십시오. 하나님의 영광을 위해 쓰겠습니다. 명예를 주십시오. 사회의 리더가 되어 하나님께 영광을 돌리겠다고 기도했습니다.' 그런데 모든 성도들이 물질과 명예를 가지고 리더로서 살아가는 것이 하나님의 영광을 위한 것일까요? 그렇지 않다고 생각합니다. 그런 모습도 필요하지만 모두는 아닙니다. 누군가의 섬김의 자리에도 그리스도인은 필요합니다. 가난하지만 정직하게 살아가는 그리스도인들도 필요합니다. 화려한 삶은 아니지만 지체들의 아픔을 어루만지는 삶도 필요합니다.

이런 모습이 비단 저의 모습만이겠습니까? 여러분들은 어떠합니까? 나의 욕심을 위해서 우리 가정의 안정만을 위해서 하나님을 이용하지는 않았습니까? 그렇다면 그것은 구체적으로 어떠한 형태로든지 신앙적인 옷을 입고 표현되었을 것입니다. 하나님의 계시가 아닌 나의 생각 안에서 마치 이스라엘의 수송아지와 같은 하나님의 모습은 없는지 돌아보아야 할 것입니다. 나에게 물질적인 축복만을 주시는 하나님, 나의 인생에 성공만을 허락하시는 하나님, 인생의 실패를 피하게 하시는 하나님, 오직 풍요와 성장과 행복만을 주시는 하나님, 내 가족만이 잘되고, 내 자식만을 잘되게 해주시는 하나님… 이것들만을 생각하고 나의 신앙생활을 채운다면 그것은 분명 하나님을 애굽의 수송아지로 만드는 것입니다. 나의 욕심과 욕망이 투영된 하나님으로 전락시키는 것입니다.

하나님을 바르게 섬김: 너를 위하여 새긴 우상을 만들지 말고…

우리는 하나님을 그분께서 계시한 그대로, 그분께서 신구약의 정확무오한 하나님 말씀 안에서 보여주신 그대로, 온전히 그분을 이해하고 그 하나님만을 섬겨야 합니다. 나의 욕심과 욕망이 아닌 온전하신 하나님을 섬겨야 합니다. 오직 말씀안에서 계시된 참된 하나님을 섬겨야 합니다. 말씀에서 비롯된 친밀하고 바른 인격적인 관계를 가져야 합니다. 이것이 바른 신앙입니다. 이것이 참으로 균형 잡힌 신앙입니다. 하나님을 섬기는 것만으로는 부족합니다. 하나님을 '바르게' 섬겨야 합니다.

　　우리가 이것을 온전히 지킬 때 어떠한 결과가 있습니까? 바로 하나님께서 천대까지 은혜를 베풀어주신다고 말씀하셨습니다. 놀라운 말씀입니다. 온전히 하나님을 섬길 때에 우리는 천대까지 은혜를 누릴 것입니다. '천'이라는 숫자는 헤아릴 수 없는 많은 후손들을 뜻합니다. 제1계명에서 하나님만을 섬기겠다고 약속한 사람이 그분을 온전히 섬길 때에 주시는 무제한의 축복입니다. 끝없는 축복입니다. 수량적인 숫자의 개념이 적용되기 힘든 엄청난 축복입니다. 이 귀한 복을 누려야 할 것입니다. 하나님께서 약속하신 복입니다.

　　제2계명을 정리하면서 '웨스트민스터 소요리문답 52문'을 살펴보는 것은 의미가 있을 것입니다. '제2계명을 지킬 이유로 말씀하신 것은 무엇입니까?' '하나님께서 우리의 주권자이시고 우리의 소유주이시며, 친히 정하신 대로 경배받기를 열망하신다는 것입니다.' 하나님께서는 친히 정하신 대로 경배받기를 원하십니다. 이제는 반쪽짜리 신앙생활을 하지 말고, 하나님을 바르게 섬기는 우리 모두가 되어야 할 것입니다. 교회학교 교사로서 우리는 다음세대들에게 이와 같은 신앙을 강조해야 할 것입니다.

[쉬운 실전 파트]

<u>수업 목표</u>

1. 이번 수업을 통해서 제2계명의 의미를 이해합니다.
2. 이번 수업을 통해서 하나님을 향한 바른 신앙의 의미를 이해합니다.

<u>수업의 핵심: 교회학교 교사, 이것만 생각해보자!</u>

본 수업은 제2계명의 의미와 바른 신앙생활의 의미를 학습하며, 이를 위해 교회학교 교사는 아래와 같은 질문과 나눔을 수행할 수 있습니다.

1. 성경묵상 : 이번장의 주제를 생각하면서 출애굽기 32장을 묵상해보십시오.
2. 내가 만든 신 : 인간의 입장에서 하나님의 우상을 만든다는 것은 어떤 의미가 있습니까?
3. 적용 : 교회학교 교사로서의 사역과 학생들을 지도할 때 제2계명을 어떻게 적용할 수 있을까요?

수업 로드맵

단계	핵심주제	학습내용	시간(분)
도입	십계명 읽기	▶ 출애굽기 20:1-17를 읽기 ▶ 제2계명에 대한 학생들의 이미지 나누기	5
전개	내가 만든 신 (1)	▶ 출애굽기 32장 읽기 ▶ 학생들과 내게 필요한 하나님의 모습들만 설정하지는 않았는지 점검하기	15
	하나님을 바르게 섬김 (2)	▶ 하나님을 바르게 섬김으로 생기는 결과를 살펴보기	5
정리	십계명의 활용	▶ 하나님께서 정하시고 알려주신 내용을 기억하며 그분을 사랑하고 섬기는 것의 기쁨을 나누기	5

√ 도입: 5분

  [활동] 십계명 읽기
  - 학생들과 출애굽기 20장 1-17절을 읽고, 제2계명에 대한 학생들의 이미지를 자연스럽게 나누어봅니다.

√ 전개: 20분

  [교육] 내가 만든 신(1)
  - [쉬운 개념 파트]를 통하여 학생들에게 제2계명의 의미를 설명하고, 특별히 '내가 만든 신'의 차원에서 학생들과 생각을 나눕니다.

  [교육] 하나님을 바르게 섬김(2)
  - [쉬운 개념 파트]를 통하여 학생들과 하나님을 바르게 섬김으로 생기는 결과들을 자연스럽게 나눕니다.

  ★참고자료

  웨스트민스터 소요리문답 52문

  질문 : 제2계명을 지킬 이유로 말씀하신 것은 무엇입니까?
  답변 : 하나님께서 우리의 주권자이시고 우리의 소유주이시며, 친히 정하신 대로 경배 받기를 열망하신다는 것입니다.

√ 정리: 5분

  [활동] 십계명의 활용
  - 하나님의 정하시고 알려주신 내용을 기억하며 그분을 사랑하고 섬기는 것의 기쁨을 나눕니다.

? [쉬운 개념 파트]

이름의 의미:
네 하나님 여호와의 이름을 망령되게 부르지 말 것

제3계명은 1차 수신자들과 오늘을 살아가는 우리들에게 '네 하나님 여호와의 이름을 망령되게 부르지 말 것'을 엄히 명하고 있습니다. 우리가 확인해야 할 것은 여호와라는 이름이 가지는 의미, 그리고 망령되이 부른다는 표현의 의미가 무엇을 말하는가에 대하여 살펴보아야 합니다.

여호와라는 이름은 구약성경에서 많이 등장합니다. 우리가 잘 알고 있듯이 여호와라는 이름은 오직 이스라엘의 하나님만을 지칭하는 이름입니다. 당시 이스라엘의 관습과 그들의 인식에서 볼 때 누군가의 이름은 그 사람이 어떠한 존재인가를 보여줍니다. 예를 들어 봅시다. 아브라함은 원래 아브람이었으나 아브라함이라는 이름으로 바뀌었습니다. 이때 아브라함은 '온 민족의 아버지'라는 뜻으로 바뀐 것이고, 그의 존재가 온 민족의 아버지로서 존재한다는 의미를 지니게 되었습니다. 실제로 아브라함은 하나님으로부터 그러한 사명을 받아 감당하였습니다. 또 우리가 잘 알고 있듯이 베드로도 원래는 시몬이었습니다. 그런데 베드로라는 이름으로 바뀌었습니다. 베드로는 반석 혹은 돌이라는 의미로 그가 어떤 삶을 살아갈 것을 보여줍니다. 정말로 베드로는 초대교회의 반석과 같은 지도자로서 든든히 교회를 세워나가는 기초가 되었습니다. 그래서 로마 가톨릭에서는 베드로의 그러한 반석과 같은 사역과 의미를 지금도 칭송하고 있는 것입니다.

이렇게 아브라함과 베드로의 예를 들어 드리는 것은 히브리인들에게 이름이 가지는 의미가 어떠한가를 보여드리기 위해서입니다. 성경에서 6천 번 이상이나 나타나는 이름이 있다면 그 이름의 의미는 그들의 신앙에서 얼마나 중요한 것이며, 그들의 예배 속에서 차지하는 비중이 어떠한가를 보여주는 것입니다.

그렇다면 하나님께서는 자신의 이름을 어떻게 말씀하셨습니까? 무엇으로 가르쳐주셨습니까? 성경에서 몇 가지를 확인할 수 있는데 대표적으로 '엘'과 같은 단어가 다른 단어들과 복합되어 '엘 샤다이(전능하신 하나님)'처럼 사용되기도 하며, '야훼', '야훼 므카데쉬(거룩하신 하나님)', '야훼 샬롬(평강의 하나님)' 등 그분과 관련된 호칭은 많이 있습니다.

결국 그것은 하나님이 어떠한 분인가를 보여주는 것입니다. 그 중에서도 저는 가장 극명하게 자신의 존재를 알려주신 대목에 관심이 갑니다. 바로 '나는 스스로 있는 자'라는 표현입니다. 원어적으로 좀 더 정확하게는 '나는 있는 자'라는 뜻이며, 나는 존재하는 자라는 의미입니다. 하나님은 스스로를 규정하시는 분이시라는 것입니다. 그분은 자존하시는 분입니다. 하나님은 어떠한 것의 산물이 아니라는 것입니다.

차분하게 생각해보십시오. 저의 인격과 존재는 육신의 부모와 많은 주변의 친구들, 지체들, 선생님들의 노력으로 영향을 받아 존재하고 형성되었습니다. 수많은 이들로부터, 수많은 것들을 도움 받아 존재하고 있습니다. 그런데 하나님은 그렇지 않다는 것입니다. 하나님은 절대적입니다. 하나님은 근원적입니다. 하나님은 하나님인 것입니다. 그것이 여호와의 이름입니다.

망령의 의미:
네 하나님 여호와의 이름을 망령되게 부르지 말 것

아마도 오늘을 살아가는 젊은 세대들에게 망령은, 익숙한 단어가 아닐 것입니다. 저 또한 실제로 이 단어를 일상 생활에서는 거의 사용하지 않습니다. 그렇기 때문에 쉽게 의미가 다가오지 않습니다. 원어적인 의미로 볼 때 이 단어는 '실제와 다른 것'을 의미합니다. 'unreality'인 것입니다. 즉, 실제와는 다르게 오류를 가지고 사용하는 것입니다. 오용하는 것입니다. 하나님의 이름을 오용하지 말라는 것입니다. 하나님의 이름을 제대로 사용하라는 의미입니다.

신구약 성경 66권에서 우리 하나님께서 자신의 이름을 부르지 말고, 사용하지 말라는 명령이 어디에 있습니까? 저는 찾아보지 못하였습니다. 아마 여러분들도 그러할 것입니다. 하나님께서 오히려 자신의 이름을 찬양하고, 자신의 이름을 우리가 담아 내어 영광받으시길 원하십니다. 시편 72편 19절을 보십시오. '그 영화로운 이름을 영원히 찬송할지어다' 우리는 오히려 그분의 이름을 부르고 찬송하고, 영광을 돌리는 존재들로 살아가야 합니다.

그런데 중요한 것은 그것을 제대로 사용해야 합니다. 바르게 사용해야 합니다. 하나님의 이름을 부르되 오용하지 않고 제대로 불러야 합니다. 오용이라는 것과 관련하여서 교리문답서들에서는 명확하게 알려주고 있습니다. 먼저 웨스트민스터 소요리문답 55문에서는 속되게 하거나 잘못 사용하는 것에 대해 지적하고 있습니다. 그리고 하이델베르크 요리문답 99문에서는 우리가 저주나 거짓맹세, 또는 불필요한 서약으로 하나님의 이름을 욕되게 하거나 잘못 사용하지 말라는 것입니다. 그리고 더 나아가 하나님의 이름을 바르게 고백하고 부르고 우리의 모든 말에서 그분이 영광을 얻도록 하라고 분명히 밝혀주고 있습니다.

'망령되이'라는 표현과 하나님의 이름, 특별히 절대적이며 자존하시는 의미를 연관하여 보면 어떠합니까? 우리가 그 절대적인 하나님의 존재를 왜곡하여 부르거나, 그 의미를 온전히 담아내지 못하고 부르는 것을 의미합니다. 우리에게 시선을 돌려봅시다. 우리가 하나님의 존재, 하나님의 이름을 부르는 때는 언제입니까? 물론 우리의 모든 일상에서 하나님의 존재와 그분의 이름을 부르고 있습니다만 특별히 언제 그러합니까? 바로 기도할 때 극명히 나타납니다. 기도의 내용이 어떠합니까? 우리가 기도할 때 그 기도는 무엇으로 구성됩니까? 우리가 아무런 생각 없이 기도하거나 혹은 하나님의 존재는 잊어버린채 우리의 삶만을 위해 기도하지는 않습니까?

저는 부끄럽지만 그런 오용을 많이 범하고 있습니다. 예를 들어 보겠습니다. 월드컵이나 올림픽 등 온 국민의 관심과 사랑을 받는 운동 경기와 대회들이 있습니다. 저도 운동을 좋아하고, 경기 보는 것을 너무 좋아하기에 대한민국이 좋은 성적을 거두기를 간절히 소망하고, 어떨 때는 우리가 금메달을 따길 간절히 바랍니다. 그런데 문제는 여기에서 발생합니다. 이럴 때 부족한 저는 하나님께 그 경기에서 승리하게 해달라고 마음으로 기도를 할때가 있었습니다. 그 경기에서 이기게 해달라고 한 것입니다. 이것은 하나님께 잘못 간구하는 것이며, 하나님의 이름을 망령되게 오용하는 것입니다. 만약 우리와 경기를 치루는 상대방 측의 성도들도 기도하였다면 그게 무슨 일입니까. 이러한 긴장관계와 어색한 장면들이 우리 주위에 얼마나 많이 나타나고 있습니까. 하나님의 이름을 오용해서는 안 됩니다. 이와 관련하여 고재수(N.H.Gootjes) 교수님께서도 자신의 『십계명 강해』에서 동일한 예를 들어 주셨습니다. 다음은 고재수 교수님의 『십계명 강해』일부 내용입니다.

> "이 셋째 계명은 기도의 내용에 있어서도 중요한 계명입니다. 하나님께 잘못된 간구를 해서는 안 됩니다. 예를 들어 기독교인들이 운동 경기를 하기 전에 기도하는 것을 종종 보는데, 우리는 이 경기에서의 승리를 위해 하나님의 이름을 사용하여 기도할 수 없습니다. 우리는 어떤 것을 간구할 때에 하나님의 이름을 망령되이 일컫지 않으면서 기도하는 것에 대해 잘 생각해야 합니다."(고재수, 「십계명 강해」, 2006: 47, 여수룬)

교회학교 교사 여러분 감이 잡히십니까? 하나님의 이름을 나의 뜻과 욕심으로 사용하지 말아야 합니다. 하나님의 이름을 나의 욕망을 위해 그럴듯하게 나타내어서는 안 된다는 것입니다. 이것이 너무 강하게 느껴지십니까? 이것이 부담이 되고, 너무한다고 생각이 드십니까? 맞습니다. 이것은 강한 것이고, 이것은 부담이 되는 것입니다. 하지만 이것이 바른 신앙이고, 이것이 타협 없는 신앙입니다.

오늘날 교회가 왜 이토록 비판을 받습니까? 왜 이토록 조롱거리가 됩니까? 바로 하나님의 이름을 우리의 욕심으로 대체하기 때문입니다. 나의 성공과 승리만을 위해 살면서 하나님의 이름을 오용하기 때문입니다. 하나님의 이름을 부르는 사람이 불법을 행할 수 있습니까? 그것을 행하면 나는 성공하지만 누군가는 나로 인해 피해를 입습니다. 누군가는 나로 인해 괴롭게 됩니다. 우리는 바르게 신앙생활을 해야 합니다. 비록 천천히 가더라도, 비록 성공의 길이 아니더라도 하나님의 이름을 올바르게 외치며 신앙생활을 해야 합니다. 이것이 올바른 제3계명의 실천입니다.

> ❗ **[쉬운 실전 파트]**

수업 목표
1. 이번 수업을 통해서 여호와 이름의 의미를 이해합니다.
2. 이번 수업을 통해서 망령의 의미를 이해합니다.

수업의 핵심: 교회학교 교사, 이것만 생각해보자!
본 수업은 여호와 이름의 의미와 망령의 의미를 학습하며, 이를 위해 교회학교 교사는 아래와 같은 질문과 나눔을 수행할 수 있습니다.

1. 성경묵상 : 성경에서 표현된 다양한 하나님에 대한 설명들을 찾아봅시다.
2. 이름의 오용 : 하나님의 이름을 나의 뜻과 욕심으로 사용하지 말아야 한다는 것은 어떤 의미입니까?
3. 적용 : 교회학교 교사로서의 사역과 학생들을 지도할 때 제3계명을 어떻게 적용할 수 있을까요?

수업 로드맵

단계	핵심주제	학습내용	시간(분)
도입	십계명 읽기	▶ 출애굽기 20:1-17를 읽기 ▶ 제3계명에 대한 학생들의 이미지 나누기	5
전개	이름의 의미(1)	▶ 여호와 이름의 의미를 설명하기	10
	망령의 의미(2)	▶ 제3계명에서 활용된 망령의 의미를 설명하기	10
정리	십계명의 활용	▶ 하나님의 이름을 오용하는 것에 대한 점검과 생각을 나누기	5

√ 도입: 5분

  [활동] 십계명 읽기
  - 학생들과 출애굽기 20장 1-17절을 읽고, 제3계명에 대한 학생들의 이미지를 자연스럽게 나누어봅니다.

√ 전개: 20분

  [교육] 이름의 의미(1)
  - [쉬운 개념 파트]를 통하여 학생들에게 여호와의 이름의 의미를 설명합니다.
  - 학생들과 해당 사항에 대한 생각을 자연스럽게 나눕니다.

  [교육] 망령의 의미(2)
  - [쉬운 개념 파트]를 통하여 학생들에게 망령의 의미를 설명합니다.
  - 학생들과 해당 사항에 대한 생각을 자연스럽게 나눕니다.

√ 정리: 5분

  [활동] 십계명의 활용
  - 학생들과 하나님의 이름을 오용하는 것에 대한 점검과 생각을 나누며 자연스럽게 정리합니다.

[쉬운 개념 파트]

안식일의 개념과 의미:
안식일을 기억하여 거룩하게 지키라

　종교개혁자 칼빈(Calvin)은 기독교강요 2권 제8장에서 십계명에 대하여 설명하고 있습니다. 그리고 안식일 계명의 중요성에 대하여 해당 장 29절에서 분명히 언급하고 있습니다. 칼빈에게 있어 구약적인 안식일은 폐지되었습니다. 왜냐하면 예수 그리스도 안에서 온전히 그 쉼과 안식이 이루어졌기 때문이며, 그 안식일은 예수 그리스도 안에서 누릴 안식의 예표였기 때문입니다. 하지만 칼빈은 그것이 폐지는 되었으나 유대인들에게 주신 안식의 날을 통해서 신약 성도들에게 줄 수 있는 중요한 교훈들은 있다고 강조하고 있습니다. 특별히 제8장 32절을 살펴보십시오. 참으로 은혜가 됩니다.

　칼빈이 제시하는 안식일의 의미는 첫째, 영적인 휴식을 주기 위함입니다. 이 휴식을 통해 우리가 바빠 살아왔던 모든 것을 잠시 내려두고 참된 쉼을 누리라는 것입니다. 하나님 안에서 휴식을 취하는 것입니다. 두 번째로 칼빈은 날을 구별하여 모든 성도들이 모여서 예배를 행하고, 하나님을 묵상하고 경건에 힘쓰라는 것입니다. 그리고 세 번째로 연약한 자들도 잠시나마 쉼을 얻을 수 있도록 배려하라는 것으로 안식일의 의미를 제시하고 있습니다.

　그러므로 우리들은 율법적인 차원에서 이 안식일을 지키려고 하는 것이 아닙니다. 아름다운 기독교 전통 안에서 주님의 부활을 기념하는 주일을 준수하려고 하는 것입니다. 십계명에 담긴 하나님의 메시지를 기억하며 그것을 바라보고자 하는 것입니다. 우리는 그 안식일에 담긴 정신을 잊지 말고 실천해야 합니다. 안식일 제정하셨던 하나님의 의도를 파악해야 합니다. 그렇기 때문에 신약의 성도들은 제4계명을 지키지 않아도 된다고 유혹하면서 이 계명이 구약시대에만 적용된다고 주장하는 것은 잘못된 것입니다.

적극적인 적용:
안식일을 기억하여 거룩하게 지키라

오히려 우리는 더욱 적극적으로 주일을 바라보아야 합니다. 믿음으로 이를 지켜나가야 합니다. 믿음으로 그것을 지키고자 노력해야 합니다. 주일 예배 속에서 그분과 쉼을 누리기 위해 다른 것들을 잠시 내려놓아야 합니다. 참된 휴식을 누리기 위해 집중해야 합니다. 여기에는 영적인 유익이 분명 있습니다. 이것을 준수하기 위해서는 믿음이 필요합니다.

이러한 맥락에서 안식일의 개념이 더욱 심화되고 확장된 안식년에 대해 언급한 중요한 본문이 있습니다. 바로 레위기 25장입니다. 여기에서는 안식년과 희년에 대하여 언급하고 있습니다. 안식일은 하루에 해당하는 것이지만 안식년과 희년은 어떠합니까? 특별히 25장 20-21절을 보십시오. '만일 너희가 말하기를 우리가 만일 일곱째 해에 심지도 못하고 소출을 거두지도 못하면 우리가 무엇을 먹으리요 하겠으나 내가 명령하여 여섯째 해에 내 복을 너희에게 주어 그 소출을 삼 년 동안 쓰기 족하게 하리라'

이것이 무엇을 의미하는 것입니까? 하나님이 책임진다는 것이 아닙니까? 복을 주시어 여섯째 해에 거둔 소출이 삼 년 동안 쓰기에 넉넉하게 하시겠다는 말씀입니다. 주일성수와 관련하여 담대하게 나아가보십시오. 그것을 레위기 25장 20-21절이 이야기하고 있습니다. 안식을 지키라 명령하신 하나님께서 우리를 책임지실 것입니다.

재미있게도 십계명에서 이 제4계명이 가장 많은 단어와 용어가 사용되어 분량상으로 가장 긴 내용을 담고 있습니다. 무엇을 말합니까? 제4계명과 관련하여 당시 1차 수신자들에게 전하고 싶은 메시지가 가장 많았다는 것이고, 이들이 지키기 어려운 내용이라 더욱 강조하고 있다고 볼 수 있지 않겠습니까? 우리도 마찬가지입니다. 우리에게도 힘든 것이지만 믿음으로 나아가봅시다. 살아계신 하나님께서 책임져 주실 것입니다. 믿음으로 나아갈 때 안식일을 지키는 것이 더 이상 짐이 아니라 기쁨이요 즐거움이 될 수 있습니다.

[쉬운 실전 파트]

수업 목표
1. 이번 수업을 통해서 제4계명에서 활용된 안식일의 개념과 의미를 이해합니다.
2. 이번 수업을 통해서 적극적인 차원에서의 안식일 개념의 적용을 이해합니다.

수업의 핵심: 교회학교 교사, 이것만 생각해보자!
본 수업은 안식일에 대한 개념과 의미를 학습하며, 이를 위해 교회학교 교사는 아래와 같은 질문과 나눔을 수행할 수 있습니다.

1. 궁금한 질문 : 십계명 본문에서 제4계명의 내용 분량이 가장 많은 것은 무엇을 의미할까요?
2. 칼빈의 강조 : 칼빈이 제시하는 안식일의 핵심적인 의미와 가치는 무엇입니까?
3. 적용 : 교회학교 교사로서의 사역과 학생들을 지도할 때 제4계명을 어떻게 적용할 수 있을까요?

수업 로드맵

단계	핵심주제	학습내용	시간(분)
도입	십계명 읽기	▶ 출애굽기 20:1-17를 읽기 ▶ 제4계명에 대한 학생들의 이미지 나누기	5
전개	안식일의 개념과 의미(1)	▶ 제4계명에서의 안식일의 개념과 의미에 대하여 설명하기	10
	적극적인 적용(2)	▶ 안식일의 의미에 기초한 적극적인 적용을 설명하기	10
정리	십계명의 활용	▶ 하나님께서 우리의 인생을 책임지고 인도해주심에 대한 믿음의 고백나누기	5

√ 도입: 5분

[활동] 십계명 읽기
- 학생들과 출애굽기 20장 1-17절을 읽고, 제4계명에 대한 학생들의 이미지를 자연스럽게 나누어봅니다.

√ 전개: 20분

[교육] 안식일의 개념과 의미(1)
- [쉬운 개념 파트]를 통하여 학생들에게 칼빈의 내용을 바탕으로 안식일의 개념과 의미를 설명합니다.
- 학생들과 해당 사항에 대한 생각을 자연스럽게 나눕니다.

[교육] 적극적인 적용(2)
- [쉬운 개념 파트]를 통하여 제4계명에 기초한 안식일의 바른 적용에 대하여 설명합니다.
- 학생들과 해당 사항에 대한 생각을 자연스럽게 나눕니다.

√ 성리: 5분

[활동] 십계명의 활용
- 하나님께서 우리의 인생을 책임져주시고, 인도해주심에 대한 믿음이 필요함을 나누며 자연스럽게 정리합니다.

[쉬운 개념 파트]

공경의 의미: 네 부모를 공경하라

제5계명 '네 부모를 공경하라'라는 선포적인 명령은 당시 1차 수신자들과 청중들로 하여금 이제 그 이야기가 하나님과의 관계에서 언약 공동체 안으로 이행되고 있음을 상징적으로 보여주는 것입니다. 왜냐하면 제1계명이 하나님과의 관계에 대한 선포로 시작하였는데 이제는 인간관계와 사회적 관계의 가장 기본적인 요소, 기본적인 출발점인 '네 부모를 공경하라'로 명령의 성격을 열어가고 있기 때문입니다. 어쨌든 이제 십계명은 언약 공동체 안에서 인간의 측면에 관심을 가지고 명령을 하고 있습니다. 만약 이와 같은 논리의 구조라면 결국 제1계명이 제2계명, 제3계명, 제4계명의 기초가 되었듯이, 제5계명 역시 제6계명에서부터 제10계명의 기초가 될 수 있습니다. 참으로 흥미롭고 놀라운 의미입니다. 그렇다면 어떻게 제5계명이 제6계명에서부터 제10계명의 기초가 될 수 있는지 그리고 본질적으로 성경은 제5계명에 대하여 무엇을 말하고 있는지를 구체적으로 살펴보도록 하겠습니다.

우선 공경한다는 것은 무엇을 의미하는 것입니까? 이 공경의 히브리어는 '카베드'입니다. 이 카베드의 의미는 바로 '무겁고 엄중하게'라는 뜻입니다. 특정한 대상을 무겁고, 엄중하고, 중요하게 여기는 것입니다. 우리 모두는 사회생활을 하고 있기 때문에 많은 관계 속에서 관계의 질적인 수준에 차이가 있음을 잘 알고 있습니다.

사람을 대할 때 어떤 관계에서는 행동 하나하나가 신경이 쓰이며, 예의를 차려야 합니다. 말 그대로 카베드로서 행동하는 것입니다. 반대로 어떤 관계에서는 행동에서 특별히 신경을 쓰지 않고, 쉽게 여기며, 표현이나 대화 속에서 가볍게 행동하기도 합니다. 이는 엄청난 차이가 있음을 스스로 잘 알고 있습니다. 마음의 자세에서부터 궁극적으로 그 대상자에 대한 엄청난 차이를 가지고 있습니다. 만약 우리가 특정한 대상은 무겁고, 소중하고, 중하게 여긴다면 그야말로 카베드 한다면 우리는 그 대상에 대하여 쉽게 말하거나, 표현하거나, 비판하거나, 무시하 지는 못합니다. 온전히 카베드하여 그 대상을 바라본다면 절대 그러할 수 없습니다.

그런데 그 카베드의 대상이 누구라고 본문이 말해주고 있습니까? 바로 그 카베드의 대상이 아버지와 어머니입니다. 본문의 1차 청중들이 무겁고, 소중하 고, 아주 중하게 대해야 할 대상이 바로 아버지와 어머니입니다. 아버지와 어머니 에 대하여 그들은 쉽게 여기며, 표현이나 대화 속에서 가볍게 행동하거나 무시하 거나 업신여기지 말아야 하는 것입니다.

더욱 놀라운 것은 1차 수신자들의 삶의 정황 속에서 여성인 어머니에 대한 태도도 카베드하라고 강조하고 있습니다. 현재 우리의 가치관으로 볼 때 당연히 어머니도 포함되어야 하겠지만 당시 수신자들의 삶의 정황, 즉, 구약시대는 우리 가 잘 알고 있듯이 완전히 남성 중심의 사회였으며, 그야말로 남성들의 시대였습 니다. 그런데 그 맥락에서도 여성 특별히 어머니로서의 역할은 의미가 있었으며, 그 어머니에 대하여 남성인 아버지와 동등한 가치로 카베드의 대상이라는 것입니다.

우리는 모두 아버지와 어머니가 있습니다. 그 아버지와 어머니를 중히 여기 고, 무겁게, 엄중하게 여기며 카베드를 해야 합니다. 이는 연소한 이들에게만 해 당되는 것이 아닙니다. 십계명이 포함된 본문을 차분하게 보십시오. 이 제5계명이 특정한 계층과 연령에게만 선포된 명령이 아니지 않습니까. 어린이들에게만 해당 되는 것이 아니지 않습니까. 우리 모두에게 해당되는 것입니다. 이는 잠시 뒤 부모 의 개념적 포괄성에 대해서 좀 더 다루겠지만 중요한 것은 우리 모두가 여기에 해 당되며, 우리 모두가 자식으로서 부모를 중히, 엄히, 무겁게 여기고 공경해야 합 니다. 이것이 제5계명이 가지고 있는 가장 기본적인 의미입니다. 바로 우리 자신의 부모를 공경하는 것입니다.

범위와 의미의 확장: 네 부모를 공경하라

그런데 개혁신학의 전통에서는 이 제5계명의 부모의 의미를 좀 더 확장하여 바라보고 있습니다. 이것이 앞서 잠깐 말씀을 드렸던 대상의 포괄성입니다. 즉, 우리 신앙의 선배들은 제5계명에서 의미하는 부모의 대상을 문자적인 아버지와 어머니의 의미에서 벗어나 그 범위를 좀 더 확장시키고 있는 것입니다. 이러한 해석의 가장 대표적인 인물이 바로 칼빈(Calvin)입니다.

칼빈의 그의 십계명 해설에서 마땅히 공경해야 할 대상들을 강조하면서 모든 권위자들에 대한 경의와 공경을 이야기하고 있습니다. 칼빈에게 있어 제5계명은 하나님께서 우리 위에 세우신 자들을 우러러보는 것이며, 그들을 카베드 하는 것입니다. 여기에는 모든 공적인 권위와 권세들을 포함하는 넓은 개념으로 적용됩니다. 나 이외의 모든 이들에 대하여 그들의 권위와 그들의 존엄성을 인정해야 하는 것입니다. 여기에는 나보다 육체적인 연령과 인생의 경험이 많은 이들이 포함되는 것이며, 나아가 정부와 법과 사회 질서까지도 모두 포함될 수 있습니다. 이것은 그야말로 넓은 개념입니다. 우리가 쉽게 표현하듯이 우리 사회의 윗세대들을 아버지요 어머니라고 표현하지 않습니까, 그리고 우리의 조국과 우리의 안전망들을 어머니로 비유하지 않습니까. 이를 명확하게 드러내주는 본문이 있습니다. 바로 에베소서 6장 1-9절입니다.

> 1 자녀들아 주 안에서 너희 부모에게 순종하라 이것이 옳으니라
> 2 네 아버지와 어머니를 공경하라 이것은 약속이 있는 첫 계명이니
> 3 이로써 네가 잘되고 땅에서 장수하리라
> 4 또 아비들아 너희 자녀를 노엽게 하지 말고 오직 주의 교훈과 훈계로 양육하라

5 종들아 두려워하고 떨며 성실한 마음으로 육체의 상전에게 순종하기를 그리스도께 하듯 하라

6 눈가림만 하여 사람을 기쁘게 하는 자처럼 하지 말고 그리스도의 종들처럼 마음으로 하나님의 뜻을 행하고

7 기쁜 마음으로 섬기기를 주께 하듯 하고 사람들에게 하듯 하지 말라

8 이는 각 사람이 무슨 선을 행하든지 종이나 자유인이나 주께로부터 그대로 받을 줄을 앎이라

9 상전들아 너희도 그들에게 이와 같이 하고 위협을 그치라 이는 그들과 너희의 상전이 하늘에 계시고 그에게는 사람을 외모로 취하는 일이 없는 줄 너희가 앎이라

    1-4절은 부모와 관련된 내용을 기술하면서 그와 같은 연장선상에서 종들과 그 주인들에 대하여 기술하고 있습니다. 5절입니다. '종들아 두려워하고 떨며 성실한 마음으로 육체의 상전에게 순종하기를 그리스도께 하듯 하라', 9절입니다. '상전들아 너희도 그들에게 이와 같이 하고 위협을 그치라 이는 그들과 너희의 상전이 하늘에 께시고 그에게는 사람을 외모로 취하는 일이 없는 줄 너희가 앎이라' 더욱 흥미로운 것은 방금 살펴보았던 에베소서 6장에 바로 앞인 5장 후반부에는 부부관계에서 대해서도 이야기하고 있다는 것입니다.

    신앙의 선배들이 제5계명을 단순히 부모에게만 초점 맞추지 않고 성경전체에서 의미하는 바 모든 인간관계, 부부관계, 종과 주인과의 관계, 법과 권위와의 관계까지 의미를 해석해준 것은 참으로 감사한 일입니다. 경건하게 신앙생활하고 다음세대를 지도하고자 하는 우리는 하나님께서 허락하신 모든 권위를 인정하고 살아가야 하며, 그것에 대한 존중의 마음을 잊어서는 안 됩니다.

    이러한 부모의 포괄적인 의미와 맥락이 있기에 제5계명이 나머지 계명들의 기초가 된다고 서두에 말씀을 드린 것입니다. 즉, 제6계명 살인하지 말라, 제7계명 간음하지 말라, 제8계명 도둑질하지 말라, 제9계명 네 이웃에 대하여 거짓 증거하

지 말라, 제10계명 네 이웃의 집을 탐내지 말라의 전제가 된다는 것입니다. 나 이외의 모든 존재와 권위들을 인정하고 그것들을 공경하며, 카베드하는 사람이 어찌 살인할 수 있으며, 어찌 간음할 수 있습니까? 나 이외에도 너무나 소중한 존재, 공경해야 할 존재인데 어떻게 그를 죽일 수 있습니까? 어떻게 가정을 파괴하는 간음을 할 수 있습니까? 어떻게 소중한 다른 이의 것을 훔칠 수 있는가 하는 것입니다. 절대 그럴 수 없습니다. 공경하는 마음으로 모든 인생을 대하고 살아가는 이들이라면 절대로 그러한 행동을 할 수 없습니다. 정말 그러합니다. 정말 제5계명을 엄중히 여기는 이들이 어찌 다른 이들에게 해가 되는 행동을 할 수 있단 말입니까? 한편, 좁게는 네 부모를 공경하는 것과 넓게는 모든 존재와 권위, 질서를 공경하는 자들에게 하나님께서는 한 가지 말씀을 첨가하셨습니다. 출애굽기 20장 12절입니다. '네 부모를 공경하라 그리하면 네 하나님 여호와가 네게 준 땅에서 네 생명이 길리라'

    공경의 삶, 카베드의 삶을 살아가는 이들에게 하나님께서는 약속을 첨가해 주셨는데 그것은 바로 '네게 준 땅에서 장수하는 것입니다.' 여기에서 우리가 주목해야할 것은 장수와 같이 오래 사는 것도 좋지만 바로 '하나님께서 나에게 주신 땅입니다.' 당시 1차 수신자들의 입장에서 그것은 무엇입니까? 우리가 잘 알고 있듯이 바로 하나님께서 약속하신 그 땅인 것입니다. 과거 기업으로 주시겠다고 하신 그 땅입니다. 그리고 그 땅에서 장수를 약속하신 것입니다. 그 땅에서의 복을 누리며 오랫동안 살아갈 것을 약속하신 것입니다. 오래 사는 것도 복인데 그 터전이 하나님의 은혜가 가득한 땅입니다. 정말 풍성하신 하나님이십니다. 정말 단어 하나, 의미 하나도 놓치시는 법이 없는 하나님이십니다.

    이러한 하나님의 은혜와 축복은 한편으로 완악하고 부모를 공경하지 않는 자들, 질서를 공경하지 않는자들에게는 저주와 위협이 될 수 있음도 기억해야 할 것입니다. 신실히 지키는 이들에게 강조적으로 복을 기술하신 의미는 반대로 그렇지 않은 이들이 있을 경우에는 그 복과는 상관없는 삶이 기다리고 있음을 의미합니다.

　　이 내용을 차분하게 묵상하면서 적용에 앞서 저와 우리에게는 한 가지 어려운 질문이 생겼습니다. 과연 '연약한 저와 우리가 이것을 온전히 지킬 수 있는가?' 입니다. '어느 누가 이것을 온전히 지킬 수 있는가?' 입니다. 감사하게도, 너무나 감사하게도 한 분 있습니다. 그분은 바로 예수 그리스도입니다. 우리 주님께서 온전히 지켜내셨습니다. 예수님께서는 완벽히 이를 수행하셨습니다. 그는 육신의 부모를 공경하셨습니다. 그는 끝까지 육신의 어머니를 챙기셨습니다. 그는 자신에게 침 뱉은 이들의 권위까지도 인정하셨습니다. 그는 자신의 따귀를 때리는 이들의 질서까지도 인정하셨습니다. 그리하여 그분은 십자가의 처참함까지도 받아들이셨습니다. 예수님께서는 순종하셨습니다. 우리는 이 예수 그리스도안에서 이 계명을 지키면 됩니다. 비록 넘어질지라도 그리스도의 은혜를 구하며 살아가면 됩니다.

> [쉬운 실전 파트]

수업 목표
1. 이번 수업을 통해서 제5계명에서 활용된 공경의 개념과 의미를 이해합니다.
2. 이번 수업을 통해서 적극적인 차원에서의 제5계명의 의미를 이해합니다.

수업의 핵심: 교회학교 교사, 이것만 생각해보자!
본 수업은 제5계명의 개념과 의미를 학습하며, 이를 위해 교회학교 교사는 아래와 같은 질문과 나눔을 수행할 수 있습니다.

1. 부모의 개념과 확장 : 제5계명에서 말하고 있는 부모의 개념에 대하여 묵상해봅시다. 특별히 교회학교 교사로서 학생들에게 이를 어떻게 강조할 것인지 생각해봅시다.
2. 제5계명의 위치 : 십계명의 구조 속에서 제5계명이 가지는 의미는 무엇입니까?
3. 적용 : 교회학교 교사로서의 사역과 학생들을 지도할 때 제5계명을 어떻게 적용할 수 있을까요?

수업 로드맵

단계	핵심주제	학습내용	시간(분)
도입	십계명 읽기	▶ 출애굽기 20:1-17를 읽기 ▶ 제5계명에 대한 학생들의 이미지 나누기	5
전개	공경의 의미(1)	▶ 제5계명에서의 공경의 개념과 의미에 대하여 설명하기	5
	범위와 의미의 확장(2)	▶ 제5계명에서 활용된 공경의 의미의 확장을 설명하기	15
정리	십계명의 활용	▶ 학생들의 구체적인 삶 속에서 적용될 수 있도록 생각을 나누기	5

√ 도입: 5분

　[활동] 십계명 읽기

　- 학생들과 출애굽기 20장 1-17절을 읽고, 제5계명에 대한 학생들의 이미지를 자연스럽게 나누어봅니다.

√ 전개: 20분

　[교육] 공경의 의미(1)

　- [쉬운 개념 파트]를 통하여 학생들에게 공경의 개념과 의미를 설명합니다.
　- 학생들과 해당 사항에 대한 생각을 자연스럽게 나눕니다.

　[교육] 범위와 의미의 확장(2)

　- [쉬운 개념 파트]를 통하여 제5계명에 기초한 공경의 확장적 적용에 대하여 설명합니다.
　- 학생들과 해당 사항에 대한 생각을 자연스럽게 나눕니다. .

√ 정리: 5분

　[활동] 십계명의 활용

　- 학생들의 구체적인 삶 속에서 제5계명이 적용될 수 있도록 생각을 나누며 자연스럽게 정리합니다.

> [쉬운 개념 파트]

살인의 의미: 살인하지 말라

하나님께서는 우리에게 무엇을 금하고 있습니까? 바로 살인을 금하고 계십니다. 즉, 하나님께서는 사람을 죽이는 것을 금하셨습니다. 그런데 여기에서 우리는 몇 가지 문제와 질문에 직면합니다. 하나님께서 사람을 죽이지 말라하셨는데 '왜 그 하나님께서 이스라엘 백성들에게 전쟁을 명하기도 하셨는가?' 그리고 '때로는 어떻게 사형을 명령하기도 하신 것인가?' 하는 것입니다. 분명 성경에는 많은 전쟁이 등장합니다. 그것도 적극적으로 하나님께서 역사하시고, 신앙의 인물들이 믿음으로 그 전쟁을 치러내기도 하였습니다. 그렇다면 이것을 우리는 어떻게 이해하고 바라봐야 합니까? '살인하지 말라'와 충돌하는 것은 아닌가하는 의문이 듭니다. 차분하게 생각해보면 결코 쉽지 않은 내용이고 어려운 부분입니다.

저는 우리 하나님이 모순되지 않으신 분이라는 것에 대한 확고한 믿음이 있습니다. 저는 우리 하나님의 말씀이 틀렸다고도 절대 생각하지 않습니다. 오히려 저의 지식과 이해가 너무나도 부족하기 때문에 그분을 따라 갈 수 없다고 생각합니다. 여러분들은 어떠하십니까? 아마도 저 보다 더욱 성숙한 믿음의 관점으로 그 하나님을 바라보시겠지요. 말씀을 잘 살펴보면 우리 하나님은 모순되지 않음을 확인할 수 있습니다.

본문에서 활용된 '죽이지 말라'의 히브리어 '로틸레차흐'는 죽이다의 원형 '라차흐' 부정적인 표현입니다. 이 '라차흐'의 용례가 특별히 사용된 것을 보면서 우리는 하나님의 깊은 의도하심을 이해하고 살펴볼 수 있습니다. 본문에서 활용된 '라차흐' '죽이다, 살해하다'는 구약성경에서 일반적으로 사용되는 용어가 아닙니다. 일반적으로 '죽이다, 살해하다'의 동사와는 분명히 다른 표현입니다. 구약의 학자들에 따르면 일반적으로 '죽이다, 살해하다'의 동사는 '하라그'와 '모트'라는 단어를 사용합니다. 그렇다면 본문에서 사용한 '죽이다, 라차흐'는 무언가 다른 의미가 있을 수 있다는 것을 예상할 수 있습니다. 예를 들어 출애굽기 21장 12절을 봅시다. 여기에서는 '사람을 쳐 죽인자는 반드시 죽일 것이나'에서는 '모트'라는 단어가 쓰였습니다. 그런데 '라차흐'는 열왕기상 21장 19절입니다. '너는 그에게 말하여 이르기를 여호와의 말씀이 네가 죽이고 또 빼앗았느냐고 하셨다 하고…'

무언가 차이가 있지요. 죽이는 것이 여러 형태가 있으며, 금지된 형태의 죽이는 행위가 있습니다. 사법적 사형제도나 전쟁에서 기인하는 정당한 죽음이 있다면 그렇지 않은 죽음도 있습니다. 이와 관련하여서 고재수 교수님께서는 흥미로운 표현과 해석을 하셨습니다. 하나님의 법과 명령을 강조하시면서 제6계명은 불법적으로 사람을 죽이는 것을 의미한다고 해석을 하였습니다. 단순하게 하나님께서 '죽이지말라'를 명하신 것이 아니라 '불법적'으로 사람을 죽이는 것을 금하신 것으로 해석한 것입니다.

여기에서 우리는 제5계명의 의미들을 다시 한번 기억해야 합니다. 제6계명은 십계명 안에 포함되어져 있기에 따로따로 이해해서는 안 됩니다. 특별히 제6계명은 제5계명의 전제와 기초 속에서 이루어지고 있음을 잊지말아야 합니다. 제5계명이 부모공경을 포함하면서 언약공동체의 모든 이들을 존중하고 인정하고, 그들의 가치를 존귀하게 여기는 것이라고 말씀을 드렸습니다. 그리고 제5계명이 그러한 뜻을 가지고 있기에 제6계명에서부터 제10계명의 기초가 된다고 말씀을 드렸습니다. 즉, 제6계명의 '살인하지 말라'는 것은 다른 사람들을 존중하고 공경하는 가운데 어떤 이유든지, 어떤 환경에 있든지 그 언약 공동체 안에서 적용되어야 할 사항이고, 언약공동체 안의 동료를 불법적으로 살해해서는 안 된다는 것으로 이해할 수 있습니다. 제6계명의 살인하지 말라는 명확하게 언약공동체 안에서의 살인, 언약공동체 안에서의 사람을 죽이는 것을 금하는 것입니다.

정리하면 이 제6계명 '살인하지 말라'는 사법적 사형제도나 전쟁에서 기인하는 정당한 죽음을 다루는 것이 아니라, 언약공동체 안에서의 계획적인 살인, 불법적인 살인, 개인적 욕심과 죄성에 근거한 살인, 넓은 의미로는 언약공동체 안에서의 원수에 대한 살인까지를 포괄하는 것으로 이러한 것들을 공동체 안에서 금하는 것을 의미합니다.

살인을 금하신 이유: 살인하지 말라

이것이 제6계명과 관련된 핵심적인 사항이며, 이를 바탕으로 좀 더 고차원적인 측면으로 질문하고, 파고들어갈 필요가 있습니다. 바로 '왜 하나님께서는 언약공동체 안에서의 살인을 금지하신 것입니까?'와 같은 질문이 생기는 것입니다. 단순히 동료이기 때문에 금지한 것입니까? 신앙을 공유하고 있는 지체들이기에 금지하신 것입니까? 예 모두 맞습니다. 맞습니다만 좀 더 놀라운 의미가 여기에 담겨져 있어 금지하신 것입니다.

그것은 우리의 존재와 관련되어있으며, 우리의 인간이해와 관련되어 있습니다. 바로 우리 안에 있는 '하나님의 형상' 때문입니다. 인간은 하나님의 형상으로 지음을 받았습니다. 하나님께서는 온 우주만물을 창조하셨습니다. 그런데 특별히 우리 인간만이 하나님의 형상을 가지고 있습니다. 우리는 하나님의 형상으로서 하나님의 이미지를 지닌 존재입니다.

창세기 1장 26절입니다. '하나님이 이르시되 우리의 형상을 따라 우리의 모양대로 우리가 사람을 만들고…' 이것은 단순하게 내면적이고, 피상적인 의미만을 담고 있는 것이 아닙니다. 하나님의 형상이 나의 마음과 생각으로만 존재하는 것이 아니라는 것입니다. 철학적인 것이 아닙니다. 우리가 하나님 안에 있으며, 우리를 통해 하나님을 볼 수 있으며, 하나님을 보여줄 수 있는 존재라는 것입니다. 그리고 그러한 우리들을 보시고 창세기 1장 31절입니다. '하나님이 지으신 그 모든 것을 보시니 보시기에 심히 좋았더라…'하셨습니다. 인간을 포함하시어 모든 것이 좋다고 하신 것입니다.

　　우리는 하나님의 형상입니다. 하나님께서는 우리의 몸과 생명도 창조하셨습니다. 이 손과 다리, 저의 눈, 코, 입, 이 몸을 창조해주셨습니다. 우리의 몸과 생명을 하나님께서 주셨습니다. 그것을 우리는 지금도 사용하고 있습니다. 이 몸을 통해서 제가 이 글을 쓰고 있고, 지금 이 자리에 서 있습니다. 그리고 지금 여러분들이 이 글을 읽고 있고, 그 자리에 계신 것입니다. 칼빈의 말을 빌리자면 '하나님의 형상이 일차적으로 새겨진 곳은 마음과 생각이지만, 우리 신체 중에서 영광의 광채로 빛나지 않는 부분은 하나도 없다'라는 것입니다. 칼빈은 하나님의 형상으로서의 우리 인간의 본질을 제대로 알고 묘사한 것입니다.

　　그러므로 해당 계명과 관련하여 중요한 것은 그렇기 때문에 누구라도, 그 누구라고, 어떤 사람으로부터 몸과 생명을 빼앗으면 안 되는 것입니다. 각 사람은 하나님의 형상대로 지음을 받았기 때문에 어떤 인간도 다른 사람들의 생명을 취할 권리가 없습니다. 더욱이 언약공동체의 구성원들은 더욱더 그러해야 합니다. 하나님께서 주시고 허락하신 그 몸과 생명을 사람이 손상시키고 마음대로 제하면 안 됩니다. 특별히 언약공동체, 하나님의 형상을 인식하고 있는 그 신앙의 공동체에서는 더욱더 금지되어야 합니다.

　　이러한 제6계명의 의미와 맥락을 고려할 때 우리는 다른 이들의 몸과 생명을 소중하게 다루어야 합니다. 우리는 다른 이들을 소중히 여겨야 합니다. 우리는 다른 사람들에게 육체적인 피해를 주는 행위들을 해서는 안 됩니다. 죽이는 것은 당연히 안 될 것이며, 다른 이들을 상처 입히는 것도 안 될 것입니다. 특별히 서로간의 시비가 붙거나 분을 이기지 못하여 폭력을 행해서도 안 됩니다.

　　나아가 우리는 다른 이들의 존엄성을 인정하면서 삶을 살아가야 합니다. 이 제6계명에는 더 넓은 의미가 담겨져 있습니다. 여기에서 우리는 우리 주님의 말씀을 기억해야 할 것입니다. 우리 주님은 제6계명의 의미를 확장시켜주셨습니다. 마태복음 5장 21-22절입니다.

> 21 옛 사람에게 말한 바 살인하지 말라 누구든지 살인하면 심판을 받게 되리라 하였다는 것을 너희가 들었으나
> 22 나는 너희에게 이르노니 형제에게 노하는 자마다 심판을 받게 되고 형제를 대하여 라가라 하는 자는 공회에 잡혀가게 되고 미련한 놈이라 하는 자는 지옥 불에 들어가게 되리라

이 제6계명은 단순히 신체적인 활동으로 인한 살인과 피해에만 적용되는 것이 아닙니다. 이 제6계명이 행위로만 그치는 것이 아닙니다. 언약공동체 안에서 우리가 지체들을 사랑하지 못하는 것도 여기에 해당합니다. 우리가 말로 사람을 공격하거나 상처를 준다면 그것도 여기에 해당한다고 주님께서 가르쳐주고 계십니다. 우리의 살인은 육체적인 것만이 아닙니다. 우리에게 있어서 주님께서는 더 엄격하게 살인을 금하고 있습니다. 더 높은 차원의 삶을 살아갈 것을 명하고 있습니다. 그러므로 우리가 십계명의 핵심이 사랑이라고 말하는 것입니다. 결국 제5계명 이후로는 이웃 사랑인 것입니다. 제6계명도 이웃 사랑의 명령입니다. 우리 주님의 십계명 확장과 가르침을 바탕으로 우리는 다른 이들도 하나님의 형상임을 기억하고 그들을 돌보면서 그들에게 사랑을 베풀어야 할 것입니다. 하나님께서 허락하신 공동체 속에서, 나의 지체들을, 우리의 지체들을 소중하게 사랑으로 섬겨야 합니다. 지금 내 옆자리에 앉아있는 이들은 하나님의 형상을 지닌 독특하고 아름다운 그야말로 정말 하나님께서 귀하게 보이시는 존재들입니다. 내 자신이 소중하고, 내 자식이 하나님의 형상으로 소중하듯이, 공동체의 지체들도 그와 같습니다. 내 옆 자리에 있는 이들도 귀합니다.

지금 진지하게 제가 질문하나를 하겠습니다. 정말 그렇게 교회의 지체들과 학생들을 바라보고 있습니까? 정말 하나님의 형상으로서 지체들을 섬기고 있습니까? 말로만이 아니라 정말 하나님의 형상을 담은 존재로서 지체를 바라보고,

지체들을 섬기고, 지체들을 사랑하고 있느냐 하는 것입니다. 또한 이 질문을 우리 공동체를 넘어 좀 더 확장해봅시다. 우리와 함께 거주하고 있는 외국인 노동자들, 다문화 가정의 아이들을 어떻게 바라보고 있습니까? 여러분들은 취약계층이나 사회적 약자들에게 대하여 어떠한 태도를 취하고 있습니까? 여러분들은 아직 어리고 미성숙한 청소년들과 청년들을 어떻게 대하고 있습니까? 그들을 하나님의 형상과 존엄성을 가진 이들로 대하고 있습니까? 그들을 우리와 마찬가지로 하나님의 형상을 가진 이들로 생각하고 있느냐하는 것입니다. 거리를 걸으면서 그들을 향한 시선은 어떠합니까? 우리 공동체를 거쳐 갔던 많은 연약한 자들과 미성숙한 이들에 대한 태도는 어떠합니까? 우리는 그들을 하나님의 형상으로 인식하고 그들을 품어야 합니다. 그들도 하나님의 형상을 가진 존재로 존중하며 살아가야 합니다. 우리의 교회 안에는 왜 사회 약자들이 많지 않습니까? 왜 우리 공동체 안에는 소위 미성숙한 젊은이들이 적은 것입니까? 우리 교회 안에는 왜 연약한 자들이 적고, 늘 함께하였던 이들만이 있는 것입니까? 혹시나 우리가 예수님의 가르침과는 다른 행위와 인식을 가진 것은 아닌지 돌아보아야 합니다. 우리와는 다른 이들의 존엄성과 가치를 포용하고 인정하지 못해서 생긴 결과는 아닌가 생각해보아야 합니다. 우리는 철저하게 자기반성과 성찰을 통해 우리 공동체가 가지고 있는 장벽들을, 그 진입의 장벽들을 허물어야 합니다. 예수님께서 말씀하신 그 사랑으로 내려놓아야 합니다. 이것이 제6계명의 가르침입니다.

우리는 진리가 아닌 왜곡된 고정관념들을 예수 그리스도의 사랑의 명령 앞에 모두 내려놓아야 합니다. 연약한 이들을 존중하며 그들의 입장에서 생각해보고, 행동해하고, 사랑해야 합니다. 우리 관점에서는 미성숙하게 보이고, 담배냄새가 나고, 술 냄새가 나고, 옷차림이 어수룩하지만, 그들을 품어야 합니다. 청소년들과 청년들이 정착할 수 있도록 배려하고 포용해주어야 합니다. 옷이 단정하지 못하고, 화장이 진하다고, 아이들이 시끄럽고 부산하더라도 그들이 하나님의 형상이 아닌 것은 아닌 것입니다. 그들을 기다려주고 품어주어야 합니다. 그것이 성숙한 그리스도인입니다. 그것이 이 제6계명을 지키는 것입니다.

또한 우리는 하나님의 형상이기에 다른 이들을 소중하게 대하듯이 내 자신도 소중하게 여기고 대해야 합니다. 이는 웨스트민스터 요리문답 68문에서도 명확하게 기록하고 있습니다. 68문에서는 제6계명이 명하는 것을 '모든 정당한 노력을 기울여 자기 자신의 생명을 보존하라'임을 명확하게 기술하고 있습니다.

여기에서 자살은 말할 것도 없습니다. 내 몸에서 자행하는 낙태도 있을 수 없습니다. 자살과 낙태는 하나님의 형상으로서 인간의 가치를 완전히 무시하는 것입니다. 신자들은 이러한 부분에 있어 분명한 입장을 가져야 할 것입니다. 상황윤리가 제시하는 딜레마적인 상황이 있다라고 한다면 신자들은 그러한 상황을 초래하는 행동들을 해서는 안 됩니다. 우리 신자들은 이 부분에 있어 명확한 생각과 태도를 가지고 있어야 합니다. 우리의 개인적인 몸을 소중하게 다루어야 할 내용과 관련하여 자살과 낙태가 너무 먼 이야기라고 생각되십니까? 그렇다면 우리의 몸과 관련하여 인스턴트 음식은 어떠합니까? 흡연은 어떠합니까? 술은 어떠합니까? 적절한 운동이 없이 내 몸을 힘들게 하는 것은 어떠합니까? 지나친 일들과 무절제하게 업무에 매달리는 것은 어떠합니까? 모두 우리의 몸을 해하게 하는 것이며, 우리 스스로가 해롭도록 내버려 두는 것입니다. 우리는 우리 자신들의 몸을 소중하게 살펴보아야 합니다. 이를 다음세대에게도 꼭 알려주고 그들에게 그 중요성을 어릴적부터 교육해야 합니다.

> ! [쉬운 실전 파트]

수업 목표
1. 이번 수업을 통해서 제6계명에서 활용된 살인의 개념과 의미를 이해합니다.
2. 이번 수업을 통해서 살인을 금하신 본질적인 의미를 이해합니다.

수업의 핵심: 교회학교 교사, 이것만 생각해보자!
본 수업은 제6계명의 개념과 의미를 학습하며, 이를 위해 교회학교 교사는 아래와 같은 질문과 나눔을 수행할 수 있습니다.

1. 살인의 개념 : 제6계명에서 말하고 있는 살인의 개념은 무엇입니까?
2. 하나님의 형상 : 하나님의 형상에 대하여 묵상해봅시다.
3. 하나님의 형상과 다음세대 : 하나님의 형상으로서 교회학교 학생들과 교회의 다음세대들에 대하여 생각해봅시다.
4. 적용 : 교회학교 교사로서의 사역과 학생들을 지도할 때 제6계명을 어떻게 적용할 수 있을까요?

수업 로드맵

단계	핵심주제	학습내용	시간(분)
도입	십계명 읽기	▶ 출애굽기 20:1-17를 읽기 ▶ 제6계명에 대한 학생들의 이미지 나누기	5
전개	살인의 의미(1)	▶ 제6계명에서 활용된 살인의 용어적 의미를 설명하기	10
전개	살인을 금하신 이유(2)	▶ 제6계명에서 강조하는 사항과 하나님의 형상 간의 관계를 설명하기	10
정리	십계명의 활용	▶ 학생들의 구체적인 삶 속에서 적용될 수 있도록 생각을 나누기	5

√ 도입: 5분

  [활동] 십계명 읽기

  - 학생들과 출애굽기 20장 1-17절을 읽고, 제6계명에 대한 학생들의 이미지를 자연스럽게 나누어봅니다.

√ 전개: 20분

  [교육] 살인의 의미(1)

  - [쉬운 개념 파트]를 통하여 학생들에게 살인의 개념과 의미를 설명합니다.
  - 학생들과 해당 사항에 대한 생각을 자연스럽게 나눕니다.

  [교육] 살인을 금하신 이유(2)

  - [쉬운 개념 파트]를 통하여 제6계명에서 강조하는 사항과 하나님의 형상 간의 관계를 설명합니다.
  - 학생들과 해당 사항에 대한 생각을 자연스럽게 나눕니다.

√ 정리: 5분

  [활동] 십계명의 활용

  - 학생들의 구체적인 삶 속에서 제6계명이 적용될 수 있도록 생각을 나누며 자연스럽게 정리합니다.

[쉬운 개념 파트]

간음의 의미: 간음하지 말라

　제1계명과 제5계명의 기초, 즉 하나님과 모든 이웃에 대한 의미들을 기억하는 우리들에게는 이 제7계명의 준수는 어찌 보면 당연할 것입니다. 매우 당연한 것이지만 그 의미들을 생각할 때 오늘의 명령은 심오한 의미와 내용들을 담고 있습니다. 그러므로 결코 쉽게 이해할 수 있는 내용도 아닙니다.
　'간음하지 말라'의 간음은 고대사회에서는 주로 완곡하게 '큰 죄'로 묘사하고 있습니다. 즉, 간음하였다로 표현하는 것이 아니라 '큰 죄'를 범하였다는 식으로 표현하고 있습니다. 실제로 이 간음이 왜 큰 죄로 묘사될 수 있는지 해당 용어가 사용되고 있는 내용들을 살펴보면 더욱 확실하게 이해할 수 있습니다. 크게 이 히브리어 간음하다, '나아프'는 세 가지 방식으로 성경에서 설명되고 있습니다.
　우선 레위기 20장 10절입니다. '누구든지 남의 아내와 간음하는 자 곧 그의 이웃의 아내와 간음하는 자는 그 간부와 음부를 반드시 죽일지니라' 이는 한 남자가 다른 남자의 아내와 성 관계를 가지게 된 경우입니다. 두 번째로 나아프는 신명기 22장 23절입니다. '처녀인 여자가 남자와 약혼한 후에 어떤 남자가 그를 성읍 중에 만나 동침하면' 이는 한 남자가 다른 남자의 약혼녀와 성 관계를 가지게 된 경우입니다. 그리고 마지막으로 세 번째는 아내가 자기 남편 이외의 유부남과 성 관계를 가지게 된 경우인데 이는 에스겔 16장 32절입니다. '그 남편 대신에 다른 남자들과 내통하여 간음하는 아내로다'입니다.
　이 세 가지 성경에서 언급하고 있는 간음의 모습입니다. 그런데 우리가 주목해야 하는 것은 이러한 간음이 유사한 다른 성적인 범죄보다 매우 강하게 처벌하도록 하였다는 것입니다. 유사한 범죄 즉, 성적인 다른 범죄들보다 이 간음은 매우 엄중하게 다루었습니다. 예를 들어 이성을 유혹하는 성적인 범죄나 처녀를 겁탈

하는 행위에 대해서는 사형을 요구하고 있지 않습니다. 유독 이 간음에 대해서는 반드시 사형을 요구하고 있습니다.

출애굽기 22장 16절을 찾아 봅시다. '사람이 약혼하지 아니한 처녀를 꾀어 동침하였으면 납폐금을 주고 아내로 삼을 것이요' 돈을 준다는 것입니다. 그리고 신명기 22장 28-29절입니다. '만일 남자가 약혼하지 아니한 처녀를 만나 그를 붙들고 동침하는 중에 그 두 사람이 발견되면 그 동침한 남자는 그 처녀의 아버지에게 은 오십 세겔을 주고 그 처녀를 아내로 삼을 것이라 그가 그 처녀를 욕보였은 즉 평생에 그를 버리지 못하리라'고 합니다. 간음과 유사한 성적인 범죄에 대해서는 사형을 명하는 것이 아닙니다. 특이하게도 이 '나아프' 간음에만 사형을 강력하게 명하고 있습니다.

왜 일까요? 왜 이 간음에만 가장 엄중한 벌이며, 어떠한 협상의 여지도 없는 죽음을 명하는 것일까요? 이 범죄가 무엇을 의미하기에 돈으로 안 되고 죽음 밖에는 안 될까요? 여기에서 우리는 이 제7계명이 가지는 심오한 의미를 발견할 수 있습니다. 그리고 왜 그것을 '큰 죄'로 명하고 있는가를 알 수 있습니다. 그 이유는 바로 이 간음이 하나님과 맺은 언약 관계를 깨뜨려 버리는 심각한 죄악으로 간주되었기 때문입니다. 이 간음은 하나님과의 언약적인 관계를 무시하는 엄청난 죄악이었기 때문입니다.

간음하지 말라의 명령을 받는 1차 수신자들을 생각해보십시오. 하나님이 관심을 가지고 집중하시는 것은 하나님 자신과 그들 이스라엘 백성들과의 순수하고 깨끗한 관계입니다. 이스라엘 백성과 하나님 사이의 관계가 순수하게 유지되는 것이 가장 중요한 문제입니다. 간음 자체도 죄악이지만 그 간음이 하나님과 언약 관계에 있는 이스라엘 백성에게는 더욱더 큰 죄악인 것입니다. 그것은 여호와 하나님께 죄를 범하는 것과도 같은 이치입니다. 언약 공동체인 이스라엘 백성이 간음의 죄를 지었던 그것은 그 언약 공동체의 순수성을 범하는 것이고, 언약 공동체의 균열을 만드는 것이며, 결국 하나님과의 언약적 의미를 파괴시키는 의미와 맞닿아 있습니다. 이스라엘에게 있어 그것은 무엇보다 하나님께 범죄하는 행위입니다. 그러기에 간음한 이들을 반드시 죽이는 것입니다. 그리고 하나님과의 관계성을 해치는 것이기에 간음은 '큰 죄'가 되는 것입니다. 웨스트민스터 요리문답의 표현으로 설명하면 이것을 어기는 것은 '우리와 이웃을 아름답게 보존할 수 없는 것'입니다. 우리 자신과 이웃의 순결을 보존하지 못하는 것입니다.

한편, 이 간음은 하나님의 백성들이 우상을 숭배하는 것을 의미합니다. 이것을 하나님께서는 무엇보다 혐오하십니다. 우리가 잘 알고 있듯이 성경의 많은 곳에서 이스라엘 백성이 우상에 빠지는 것을 간음으로 묘사하고 있습니다. 우상숭배가 바로 간음입니다. 우상숭배는 간음과 마찬가지로 하나님을 배신하는 행위이며, 하나님의 백성으로서 언약적인 관계를 깨드리는 것입니다.

쉬운 예를 들어보겠습니다. 우리는 결혼예식 속에서 성경에 기초하여 언약을 맺습니다. 하나님과 모든 성도들 앞에서 약속을 합니다. 만약 간음을 하게 된다면 그것은 그때의 약속을 깨드리는 범죄를 저지르는 것이며, 나아가 하나님께서 맺어주신 그 관계를 어그러뜨리는 것입니다. 그리고 하나님께서 귀히 보시는 가장 핵심적인 공동체인 가정의 질서를 망치는 것입니다. 이 간음은 하나님과 맺은 언약 관계, 언약공동체로서의 가장 기본이 되는 관계의 테두리를 깨뜨려 버리는 심각한 죄악입니다. 그러므로 우리는 무엇보다 이것에 대해 엄중하게 다루어야 합니다. 간음은 결국 하나님께 범죄하는 것입니다.

예수님의 요구: 간음하지 말라

그런데 이것이 끝이 아닙니다. 우리 주님께서는 이 율법을 더욱 확장하여 우리들에게 말씀하십니다. 우리 주님께서는 이 육체적이고 1차원적인 '간음하지 말라'는 계명도 지키기 어려워하는 우리들에게 더욱 강하게 명령하고 계십니다. 마태복음 5장 27-28절입니다. '또 간음하지 말라하였다는 것을 너희가 들었으나.

나는 너희에게 이르노니 음욕을 품고 여자를 보는 자마다 마음에 이미 간음하였느니라'

우리 주님께서는 간음죄가 사람의 생각으로부터 나옴을 분명히 밝히십니다. 예수님의 말씀과 관점에서는 어떤 여인에 대하여 음탕한 마음을 품고 바라보는 사람은 마음속으로 간음죄를 지은 것입니다. 어떤 이를 바라보면서 성적인 관계를 원하거나 상상한다면 그것은 간음죄를 짓는 것이란 말입니다. 근본적으로 이성에 대한 관심과 호감 그리고 성적인 의미가 잘못되었다는 것인가라는 질문도 할 수 있습니다. 우리가 잊지 말아야 할 것은 우리를 하나님께서 창조하셨다는 사실입니다. 하나님께서는 우리에게 이성적인 매력을, 남성과 여성의 매력을 허락해 주셨습니다. 하나님께서 주신 선물입니다. 이것은 하나님의 선하신 창조와 분리되는 것이 아닙니다. 실제로 칼빈은 암시적이지만 인간에게 주어진 성적인 것에 대한 감사의 표현까지도 주저하지 않았습니다. 그도 1540년 결혼을 하였습니다. 두 사람은 매우 행복한 결혼 생활을 영위하였습니다.

문제는 죄가 우리 안에 들어옴으로 인하여 그것이 우리에게 어둠이고 왜곡된다는 사실입니다. 죄가 우리 안에 들어옴으로 인해 성적인 사항과 관련된 것은 하나님께서 원하시는 방향과 때로는 반대의 길로 가게된 것입니다. 하나님의 뜻대로 사용하는 것이 아니라 우리가 원하는 대로 쓰고 사용하게 된 것입니다. 우리는 하나님의 규칙과 뜻대로 이를 누려야 함에도 불구하고 우리의 욕망과 원대로만 사용하는 것입니다. 우리 주님께서는 이러한 잘못된 경우를 보시고 마태복음에서 말씀하시는 것입니다.

이 주님의 경고와 말씀 앞에서 누가 자유로울 수 있겠습니까? 젊은이들만 해당이 되겠습니까? 저와 같은 목회자로라고 해서 자유로울 수 있겠습니까? 학식을 갖춘 고위 공직자라고해서 이것과는 별개일 수 있겠습니까? 오히려 이와 같은 이들이 더욱더 유혹에 넘어지기 쉽습니다. 사람들의 박수갈채와 관심 이후에 찾아오는 허무함과 공허함, 물질적인 안정 속에서 찾아오는 그 죄악 된 무언가가 더욱 쉽게 자리 잡을 수 있습니다. 실제로 우리는 최근에도 목회자들과 공직자들의 성적인 타락, 소위 화이트 칼라 직업을 가진 전문직들의 성적인 타락에 대하여 뉴스를 통해 확인하지 않습니까? 우리들의 역할과 직업, 학식, 보이는 정결한 모습이 이러한 죄악에 터한 음란과 성적인 문제 앞에서 온전히 지켜주는 것이 아님을 명확하게 알아야 할 것입니다.

우리 주님께서는 계속해서 단호하게 말씀하십니다. 마태복음 5장 29절과 30절입니다. '만일 네 오른 눈이 너로 실족하게 하거든 빼어 내버리라 네 백체 중 하나가 없어지고 온 몸이 지옥에 던져지지 않는 것이 유익하며. 또한 만일 네 오른 손이 너로 실족하게 하거든 찍어 내어버리라 네 백체 중 하나가 없어지고 온 몸이 지옥에 던져지지 않는 것이 유익하니라'

얼마나 단호하고 무섭습니까! 음욕을 바라보는데 오른 눈과 왼 눈이 어디 있겠습니까! 여기서 오른 눈이라는 것은 특히 더욱 중요한 것을 의미합니다. 예수님의 의지가 얼마나 명확합니까. 때로 이단과 성경을 올바로 이해하지 못하는 이들은 이를 문자적으로 받아들여 왜곡하기도 합니다. 이 말씀에서 우리 주님의 핵심적인 메시지는 무엇입니까? 바로 그리스도인들은 하나님의 의와 말씀의 기준에 부합하기 위해 단호하게 살아야 한다는 것입니다. 그리스도인답게 유혹의 근원과 유혹의 뿌리를 단호하게 잘라 버리라는 것입니다. 우리 주님의 단호한 말씀처럼 '빼어 내 버리려야 합니다', '찍어 내 버려야 합니다'. 웨스트민스터 요리문답 72문에서 이 제7계명과 관련하여 '단정치 못한 생각과 말과 행동까지도 금지하라'는 의미가 무엇인지 깊이 묵상해보아야 합니다.

어떻게 그것을 할 수 있습니까? 우리가 얼마나 연약한 자들입니까? 그동안 많이 시도하였지 않습니까? 하지만 오늘 우리에게 '빼어 내버리라', '찍어 내버리라'고 명령하신 주님의 말씀에 의지해서 한번 실천해봅시다. 그분께서 우리에게 명령하실 때는 그것을 감당할 능력을 주시기에 말씀하신 것 아니겠습니까. 우리 자신에게는 이길 수 있는 능력이 없지만 예수 그리스도안에서 은혜로 나아간다면 이길 수 있습니다. 로마서 6장 11-13절입니다.

> 11 이와 같이 너희도 너희 자신을 죄에 대하여는 죽은 자요 그리스도 예수 안에서 하나님께 대하여는 살아 있는 자로 여길지어다
> 12 그러므로 너희는 죄가 너희 죽을 몸을 지배하지 못하게 하여 몸의 사욕에 순종하지 말고
> 13 또한 너희 지체를 불의의 무기로 죄에게 내주지 말고 오직 너희 자신을 죽은 자 가운데서 다시 살아난 자 같이 하나님께 드리며 너희 지체를 의의 무기로 하나님께 드리라

영원불변한 하나님의 말씀이 분명히 기록하고 있습니다. 우리들은 이미 죄로부터 해방된 자들입니다. 그 성적인 타락과 죄악들이 끈질기게 우리의 발목을 잡는다 할지라도 우리는 그것들을 이길 수 있습니다. 말씀으로 이길 수 있습니다. 우리는 깨어 있어야 합니다. 말씀 안에서 늘 우리를 돌아보아야 합니다.

> [쉬운 실전 파트]

수업 목표
1. 이번 수업을 통해서 제7계명에서 활용된 간음의 개념과 의미를 이해합니다.
2. 이번 수업을 통해서 간음을 금하신 본질적인 의미를 이해합니다.

수업의 핵심: 교회학교 교사, 이것만 생각해보자!
본 수업은 제7계명의 개념과 의미를 학습하며, 이를 위해 교회학교 교사는 아래와 같은 질문과 나눔을 수행할 수 있습니다.

1. 간음의 개념 : 제7계명에서 말하고 있는 간음의 개념은 무엇입니까?
2. 예수님의 요구 : 예수님께서는 제7계명의 의미를 어떻게 확장하여 말씀해주셨습니까?
3. 적용 : 교회학교 교사로서의 사역과 학생들을 지도할 때 제7계명을 어떻게 적용할 수 있을까요?

수업 로드맵

단계	핵심주제	학습내용	시간(분)
도입	십계명 읽기	▶ 출애굽기 20:1-17를 읽기 ▶ 제7계명에 대한 학생들의 이미지 나누기	5
전개	간음의 의미(1)	▶ 제7계명에서 활용된 간음의 용어적 의미를 설명하기	10
전개	예수님의 요구(2)	▶ 제7계명에서 강조하는 사항과 예수님의 강조 간의 관계를 설명하기	10
정리	십계명의 활용	▶ 학생들의 구체적인 삶 속에서 적용될 수 있도록 생각을 나누기	5

√ 도입: 5분

  [활동] 십계명 읽기
  - 학생들과 출애굽기 20장 1-17절을 읽고, 제7계명에 대한 학생들의 이미지를 자연스럽게 나누어봅니다.

√ 전개: 20분

  [교육] 간음의 의미(1)
  - [쉬운 개념 파트]를 통하여 학생들에게 간음의 개념과 의미를 설명합니다.
  - 학생들과 해당 사항에 대한 생각을 자연스럽게 나눕니다.

  [교육] 예수님의 요구(2)
  - [쉬운 개념 파트]를 통하여 제7계명에서 강조하는 사항과 예수님께서 요구하시는 것의 관계를 설명합니다.
  - 학생들과 해당 사항에 대한 생각을 자연스럽게 나눕니다.

√ 정리: 5분

  [활동] 십계명의 활용
  - 학생들의 구체적인 삶 속에서 제7계명이 적용될 수 있도록 생각을 나누며 자연스럽게 정리합니다.

[쉬운 개념 파트]

기본적 의미: 도둑질하지 말라

이미 살펴본 이웃에 대한 제5계명의 전제를 기억할 때 제8계명은 매우 당연한 것으로 이해됩니다. 하지만 다른 십계명의 내용들과 마찬가지로 단순해 보이는 그 의미 안에 심오한 내용들 그리고 우리가 반드시 기억해야 할 삶의 원리들이 담겨져 있습니다. 특별히 제8계명의 경우 그와 같은 심오한 의미가 더욱 크게 담겨 있습니다.

본문의 도둑질하지 말라는 히브리어 '가나브'는 어떤 종류의 도둑질을 묘사하는 동사이며, 때로는 비밀스럽게 무언가를 훔치는 의미도 내포할 수 있습니다. 제5계명 이후는 이웃과의 관계 즉, 언약공동체 안에서의 관계를 강조하고 있다고 할 때 제8계명을 범하는 것은 당연히 이웃과의 관계를 망치는 일입니다. 1차 수신자들인 이스라엘 백성들의 삶의 정황을 상상하여 보십시오. 오늘날 우리와 같은 높은 수준에서 삶의 합법적인 질서가 있었을까요? 재산에 대한 안위와 안정이 고도로 발달했을까요? 물론 그 당시에도 높은 수준의 질서가 없었다고는 할 수 없지만 오늘과는 분명히 차이가 있었습니다.

그런데 만약 언약공동체, 하나님 백성들 사이에서 서로 간의 도둑질이 벌어진다면 그 공동체의 신뢰성과 그 공동체의 질서는 어떻게 되겠습니까? 그것은 공동체의 붕괴로 이어질 것입니다. 그러므로 하나님께서는 핵심적으로 그들에게 다른 사람의 것을 불법적으로 훔치지 말아야 함을 정해주신 것입니다. 제5계명부터 제10계명까지 인간관계를 강조하고 이웃과의 관계에 주목한다고 할 때 일상생활 속에서 남의 것을 훔치는 일이 그러한 인간관계를 쉽게 깨뜨릴 수 있음을 우리는 상상할 수 있습니다.

우리도 실제 생활 가운데 그러한 경험들이 많지 않습니까? 누군가 나의 지

갑에 손을 대거나 나의 지극히 개인적인 물건을 도둑질해간다면 그리고 그것을 내가 알게 되었다면 그 사람과의 신뢰관계는 바로 무너지는 것입니다. 이것이 제8계명이 담고 있는 가장 기본적인 의미입니다.

하지만 우리는 제8계명의 이 단순한, 1차원적인 측면에서만 머물러서는 안 되는 것을 잘 알고 있습니다. 그 이유는 두 가지입니다. 하나는 만약 그 1차원적인 수준에만 머문다면 우리는 이러한 오해를 할 수 있습니다. '내가 만약 남의 물건을 훔치지 않는다면 온전히 제8계명을 지켰구나, 범하지 않았구나' 착각할 수 있습니다. 과연 우리가 남의 물건을 훔치지 않았다고 제8계명을 온전히 지킨 자들이 되겠습니까? 아닐 것입니다.

또한 두 번째는 우리 주님께서는 십계명의 의미를 넓은 차원으로 해석해주셨고, 우리 신앙의 선배들은 그 주님의 광의적 해석을 따라 십계명을 해석해주었기 때문에 우리는 좀 더 면밀히 제8계명을 따져보아야 하는 것입니다. 실제로 우리 신앙의 선배들은 단순히 단어적인 의미에만 국한하여 십계명을 바라보지 않았습니다. 지금까지 우리는 광의적인 차원에서 십계명을 묵상해오고 있습니다. 예를 들어 제5계명의 부모의 의미를 육신의 부모를 기본적으로 포함하여, 세상의 모든 권위, 세상의 모든 질서로 이해하고 적용했습니다. 그리고 제7계명의 간음을 일차적으로 육체의 성관계를 포함하여 모든 음란에 이르기까지 넓게 적용해 왔습니다. 그러므로 이 제8계명도 우리는 좀 더 높은 차원에서 묵상하고 살펴보아야 하는 것입니다.

고차원적인 의미와 신앙적 도전: 도둑질하지 말라

제8계명이 지니고 있는 의미는 '도둑질하지 말라'라는 것과 함께 한층 더 넓은 의미를 담고 있습니다. 그 넓은 의미라는 것은 바로 이 제8계명이 물질, 재산,

돈에 관계된 모든 상황에서 하나님의 주권적인 의도를 기억해야 한다는 것입니다. 그리고 그것에 대한 우리의 올바른 태도를 가르치고 있다는 것을 기억해야 합니다.

우리가 도둑질 하지 말아야 하는 이유는 각 사람이 소유한 것이 단순히 우연적으로 그 사람에게 주어진 것이 아니라는 점입니다. 삶의 전 영역을 통치하시는 절대적 주권자로서 하나님께서 그것을 허락해 주신 것이라는 점을 기억해야 합니다. 만약 우리가 누군가의 것을 불법적으로 훔치거나 빼앗는다면 그것은 하나님께서 분배하시고 허락하신 질서를 어그러뜨리는 것이 되는 것입니다. 주권적인 하나님의 통치를 물질의 영역과 모든 재산의 영역까지 인식한다면 우리가 불법적으로 남의 물건을 훔치는 것은 그것을 허락하신 하나님의 뜻을 무시하는 것이며, 그것을 허락하신 하나님의 계획을 저버리는 것입니다.

이는 우리의 태도와 직접적으로 연결되어 있습니다. 우리가 도둑질을 할 때 나의 힘을 이용하여 강제적·폭력적으로 그것을 취할 수도 있을 것입니다. 아마도 법이라든지 사회적인 체제를 잘 인식하지 못한 시절에 이러하였을 것입니다. 그러나 오늘을 살아가는 우리들에게 좀 더 현실적인 모습은 교묘하게 법을 피하여 혹은 합법적인 방법처럼 꾸며서 다른 사람의 재산과 공동체의 재산을, 그리고 국가의 재산을 도둑질할 수도 있을 것입니다. 또한 권력을 가진 이들에게 로비나 청탁을 통하여 원래의 원리와 원칙대로의 과정을 어그러뜨리며 다른 사람의 재물을, 공동체의 재산을, 국가의 재산을 빼앗는 것입니다. 투명하게 하였더라면 내가 아니라 다른 사람이 취해야 할 이득을 내가 부정적으로 접근함을 통해서 그 사람이 받지 못하게 하는 것입니다. 결국 그 사람의 재물을 훔친 결과가 되는 것입니다.

이러한 맥락에서 우리들의 삶 속에서는 제8계명을 범하는 것은 없습니까? 사업의 현장과 직장의 삶 속에서 모든 과정이 철저히 투명하고 정직하게 추진하고 있습니까? 효율, 효과라는 대전제 아래에서 혹시나 내가 투명한 질서를 어그러뜨리고 있지는 않습니까? 세금의 문제는 어떠합니까? 부동산 투기의 문제는 어떠합니까? '사회는 원래 그 정도는 해야돼'라고 생각하며 어색함 없이 로비와 청탁을 상식으로 생각하고 있지는 않습니까?

우리의 다음세대들 혹은 청소년/청년들은 사회생활을 하지 않으니깐 괜찮습니까? 아닙니다. 학교식당과 급식판 앞에서 줄을 서지 않는 것, 도서 대출을 위해서 순서를 기다리지 않는 것, 정직한 아르바이트를 하지 않는 것, 공공의 물건을 함부로 사용하는 것, 기관 활동을 할 때 교회의 재정을 쉽게 허비하는 것, 시험을 치루며 부정행위를 하는 것 등등이 모두 여기에 해당하는 것입니다. 이와 관련해 하이델베르크 요리문답 110문에서도 모든 속임수와 간계를 도둑질이라고 분명히 명시하고 있고, 웨스트민스터 74문과 75문에서도 불의하게 해서는 안 됨을 분명히 밝히고 있습니다.

만약 누군가가 "네가 빨리가기 위해서, 네가 1등을 하기 위해서 그렇게 하는 것이 옳은 것이야, 마땅한 것이야!"라고 이야기한다면 그것은 거짓말입니다. 모두 다음세대의 신앙을 어그러뜨리는 내용들입니다. 제8계명은 그러한 삶의 태도를 엄중하게 금지하고 있습니다. '도둑질하지 말라'라고 엄중히 명령합니다.

위와 같은 내용을 기억하면서 우리는 제8계명을 좀 더 깊이 있게 살펴봅시다. 이런 질문을 해봅시다. '왜 우리는 그러한 태도로 삶을 살아가지 못하는 것일까?', '왜 부정직과 남들보다 빠름의 삶을 내가 살고자 하는 것인가?', '왜 나는 성공에 집착하며 남의 것을 도둑질하는 것인가?' 더 직접으로는 '왜 제8계명을 어기면서까지 살아가는 것일까?'와 같은 질문을 해보는 것입니다.

왜 그럴까요? 왜 그렇겠습니까? 우리가 그러한 태도로 제8계명을 어기는 이유는 바로 우리 속에 있는 탐심과 욕망과 물질에 대한 욕심 때문입니다. 육에 속한 그 욕망들, 그 욕심들이 여전히 우리 속에서 꿈틀대고 있는 것입니다. 제가 대학교의 시간강사를 하던 시절이었습니다. 그때는 제 한 달 수입이 사회 초년생들의 초봉보다 낮은 수준의 강의료를 받으면서 생활을 하던 시절이었습니다. 매월 초 한 달 강의료가 입금되면 참으로 기분이 좋았습니다. 20대 그 어린 나이부터 대학에서 강의하면서 돈도 벌고 얼마나 기분이 좋았겠습니까. 그런데 시간이 지

나면서 강의료 통장을 확인하면서 드는 생각은 정확하게 여기에서 그 수입의 3분의 1만 더 벌었으면 좋겠다는 생각이 드는 것입니다. 많이도 말고 딱 그 정도 더 벌면 더 여유롭게 살겠다 싶었습니다.

그런데 가슴 아픈 것은 지금 저는 그때보다 더 안정적인 삶을 살고 있고, 그때보다 더 풍족합니다만 여전히 나의 속사람은 감사하지 못하는 모습, 만족하지 못하는 모습으로 가득 차 있습니다. 순간순간 욕심과 끝임 없이 물질을 갈구하며 돈에 대한 생각들을 가지고 있습니다. 그럴 때마다 그 영광스럽고 고매하신 주님 앞에 나를 치고 또 치지만 여전히 내 속에 있는 그런 모습을 느끼니깐, 이 글을 준비하면서도 앉아서 한참동안이나 얼마나 울었는지 모릅니다. 얼마나 회개하였는지 모릅니다. 내 속에 내주하시는 성령께서 얼마나 탄식하시는지 모릅니다. 이것이 저의 참담한 모습인 것입니다.

이런 모습과 마음이 저 만의 모습이겠습니까? 우리 서로가 교양이 있기에 여기에서 모든 것을 감히 나누지 못하지만 이것보다 더 탐욕적인 모습이 우리에게 있는 것을 우리는 잘 알고 있지 않습니까? 여러분의 처한 형편은 모두 다르겠지만 모두 저와 유사한 마음일 것입니다. 이것이 우리의 연약한 모습일 것입니다.

이 글을 읽고 있는 지체들에게 촉구합니다. 우리는 성령 안에서 감사하며, 성령 안에서 만족하며 살아가야 할 것입니다. 지금 받은 은혜와 삶에 감사해야 할 것입니다. 우리 주님께서 왜 오셨습니까? 우리 주님께서 이 땅에 오신 이유가 무엇입니까? 평생 아파트 평수 늘리는 것을 목표로 사시겠습니까? 넓은 평수에 사는 것을 목표로 사시겠습니까? 그건 아닙니다. 그거 정말 별거 아닙니다. 우리 주님은 그런 것 때문에 오신 것이 아닙니다. 하나님 앞에서 우리가 더디지만 정직하고 검소하게 살아가는 것이 아름다운 삶인 것입니다. 특별히 다음세대들에게 분명히 가르쳐주십시오. 그들이 신앙을 버리고 물질을 붙잡는 순간, 물질에 목을 매는 순간 그들의 인생은 끝나는 것입니다. 사회적 지위가 높은 직장, 고액의 연봉, 고급스러운 문화 그런 것을 인생의 유일한 목표로 달려가는 순간, 우리 다음세대들의 인생이 끝나는 것입니다. 그런 것이 그들의 인생을 결정하는 것이 아닙니다. 하나님께서 그들과 우리의 인생을 결정하십니다.

계속해서 제8계명을 통해 우리는 물질을 어떻게 쓰고, 사용해야하는가도 살펴볼 수 있습니다. 각 사람이 소유한 것이 단순히 우연적으로 그 사람에게 주어진 것이 아니라 삶의 전 영역을 통치하시는 하나님께서 그것을 허락하시고, 주신 것이라는 생각은 내가 지금 가진 물질에 대한 것을 다시 한번 생각하게 합니다.

개혁신앙에서 하나님과 인간의 관계는 주인과 청지기의 관계입니다. 우리가 가진 것 모두가 하나님의 것이고 우리는 그것을 사용할 수 있을 뿐입니다. 내 것이 아닙니다. 내 소유가 아닙니다. 나중에 우리는 하나님의 것을 어떻게 사용하였는지 대답해야 할 의무가 있습니다. 우리는 우리의 재산을 불의하게 사용하는 것이 아니라, 하나님의 것이라 생각하고 온전히 그분의 영광을 위하여 사용해야 합니다.

우리는 우리의 가족과 생활을 위해 마땅히 물질을 쓸 수 있습니다. 하나님께서는 물질을 우리의 기쁨과 즐거움을 위해서 사용하는 것을 금하지 않으셨습니다. 저도 돈을 벌어서 저의 자녀들의 입에 음식이 들어가는 것을 보며 보람을 느끼고 기쁩니다. 하지만 우리는 그 물질을 선한 곳에도 함께 의미있게 써야 합니다. 나만을 위해서 물질을 사용해서는 안 됩니다.

이 맥락에서 에배소서 4장 28절을 살펴보는 것은 의미가 있습니다. 4장 전체가 그리스도인으로서 합당한 삶에 대하여 논하고 있음을 기억하면서 28절을 볼 필요가 있습니다. '도둑질하는 자는 다시 도둑질 하지 말고 돌이켜 가난한 자에게 구제할 수 있도록 자기 손으로 수고하여 선한 일을 하라' 에배소서의 저자인 바울은 과거에 도둑이었던 이가 그리스도의 풍성한 은혜로 새로운 삶을 살아간다고 할 때 어떠한 것이 합당한 삶이냐 질문합니다. 그것은 단순히 과거의 도둑질만을 끊는 것에 만족하지 말라고 합니다. 더 성숙하게, 더 그리스도인에 합당하게 약한 자들을 돌아보고, 그 번돈으로 어려운 이들을 도우라 명령합니다.

분명히 교회를 위하여 헌금하는 것도 포함되겠지만, 그것과는 별도로 선한 일, 어려운 이들을 돕는 선한 일을 명령하는 것입니다. 우리는 우리의 물질을 이와 같이 사용해야 합니다. 과거에 우리는 모두 도둑들이었습니다. 모두 죄인들이었습니다. 하지만 그리스도 예수의 풍성하신 은혜 가운데 구원을 받았습니다. 이제는 실천하는 것만 남았습니다. 우리의 물질로 어려운 이들을 도와야 합니다. 내가 잘 먹고 잘 사는 것에만 너무 집착하지 말고 성경에서 말하는 고아와 과부, 그러한 사회의 약자들과 취약계층들을 돌아보아야 합니다. 우리 교회와 사회 주변에는 어려운 이들이 너무 많습니다. 또한 한걸음 더 나아가 우리는 덕을 생각해야 합니다. '내가 이렇게 물질을 사용함으로 공동체를 세우는 것인가? 다른 이들이 상처를 입지는 않는가? 내가 이렇게 물질을 활용하는 것이 수준 있는, 교양 있는 그리스도인으로 옳은 것인가?'를 함께 생각해야 하는 것입니다. 이러한 고민과 실천들이 성숙한 그리스도인의 품격있는 모습일 것입니다.

[쉬운 실전 파트]

수업 목표

1. 이번 수업을 통해서 제8계명의 기본 개념을 이해합니다.
2. 이번 수업을 통해서 제8계명의 고차원적인 신앙적 도전의 의미를 이해합니다.

수업의 핵심: 교회학교 교사, 이것만 생각해보자!

본 수업은 제8계명의 개념과 의미를 학습하며, 이를 위해 교회학교 교사는 아래와 같은 질문과 나눔을 수행할 수 있습니다.

1. 실제적인 질문 : 학생들에게 '누군가가 너희들의 소유 중 어떤 것을 훔쳐가는 것을 보게 된다면 어떤 마음이 들겠는가'로 질문해보고, 함께 나누어봅시다.
2. 제8계명의 의미 : 제8계명과 관련된 광의적인 의미는 무엇입니까?
3. 행복한 삶 : 신앙 안에서 만족하며 행복한 삶을 살아가는 것에 대해서 묵상해봅시다. 특별히 교회학교 교사로서 가장 행복한 삶은 무엇인지 나누어봅시다.
4. 적용 : 교회학교 교사로서의 사역과 학생들을 지도할 때 제8계명을 어떻게 적용할 수 있을까요?

수업 로드맵

단계	핵심주제	학습내용	시간(분)
도입	십계명 읽기	▶ 출애굽기 20:1-17를 읽기 ▶ 제8계명에 대한 학생들의 이미지 나누기	5
전개	기본적 의미(1)	▶ 제8계명에서 활용된 '도둑질하지 말라'의 기본적 의미를 설명하기	10
	고차원적인 의미와 신앙적 도전(2)	▶ 제8계명에서 강조하는 고차원적인 의미를 설명하기	10

정리	십계명의 활용	▶ 학생들의 구체적인 삶 속에서 적용될 수 있도록 생각을 나누기	5

√ 도입: 5분

[활동] 십계명 읽기

- 학생들과 출애굽기 20장 1-17절을 읽고, 제8계명에 대한 학생들의 이미지를 자연스럽게 나누어봅니다.

√ 전개: 20분

[교육] 기본적 의미(1)

- [쉬운 개념 파트]를 통하여 학생들에게 제8계명의 기본적 개념을 설명합니다.
- 학생들과 해당 사항에 대한 생각을 자연스럽게 나눕니다.

[교육] 고차원적인 의미와 신앙적 도전(2)

- [쉬운 개념 파트]를 통하여 제8계명에서 강조하는 고차원적인 의미와 신앙적 도전을 설명합니다.
- 학생들과 해당 사항에 대한 생각을 자연스럽게 나눕니다.

√ 정리: 5분

[활동] 십계명의 활용

- 학생들의 구체적인 삶 속에서 제8계명이 적용될 수 있도록 생각을 나누며 자연스럽게 정리합니다.
- 학생들이 실천과 적용을 할 수 있도록 구체적인 2가지 신앙 및 생활 미션을 정하여 봅니다.

[쉬운 개념 파트]

거짓 증거의 의미:
네 이웃에 대하여 거짓 증거하지 말라

제9계명의 내용을 살펴보면 2가지 특별한 단어들을 확인할 수 있습니다. 첫째는 이웃이고, 둘째는 거짓 증거라는 단어입니다. 이 두가지 단어들을 우리가 살펴보기만해도 십계명의 해당 본문(출20:16)에서 의미하는 바가 무엇인가를 명확하게 알 수 있습니다. 더욱이 그 의미는 제5계명에서부터 십계명의 전체적인 구조를 이해한다면 더욱 쉽게 파악할 수 있는 내용입니다. 저는 특별히 이 단어들 중에서 이웃보다는 '거짓 증거'라는 단어에 집중하고자 합니다. 왜냐하면 이미 우리는 십계명에서 이웃이 의미하는 바가 무엇인지, 어떠한 상호관련성 속에서 존재하고 있는지, 그리고 그 이웃이라는 의미 속에 언약공동체의 중요성이 어떻게 담겨져있는지를 살펴보았기 때문입니다.

거짓 증거는 히브리어로 '에드 샤케르'입니다. 여기에서 증거로서의 의미를 가지는 단어가 바로 '에드'입니다. 이것은 사법적인 절차와 법정적인 용어로서 활용되는 단어입니다. 한편 '샤케르'는 속임수와 사기를 의미하는 단어입니다. 이 두가지 단어의 의미를 고려해 본다면 전체적으로 이 '거짓 증거'가 가지고 있는 본질적인 의미와 맥락이 바로 사법적이며 법정적인 내용에서의 거짓 증거를 의미하는 것임을 확인할 수 있습니다. 즉, 단순한 개인적인 거짓말의 수준이 아니며, 가벼운 상황에서의 말바꿈이 아닌 법정적인 엄중한 맥락에서의 거짓 증언인 것입니다.

출애굽기 20장 16절과 관련하여 생각해본다면 '네 이웃에 대하여 거짓 증거하지 말라'의 본질적인 의미는 네 옆에 있는 그리고 함께 생활하고 있는 공동체의 지체들에 대하여 거짓말하지 말라의 수준을 넘는 엄중하고도 무거운 명령입니다. 실제로 동일한 표현이 신명기 19장 18절에서도 활용되고 있습니다. '재판장은 자세히 조사하여 그 증인이 거짓 증거하여 형제를 거짓으로 모함한 것이 판명되면' 여기에서의 거짓 증거가 바로 제9계명에서 활용되는 사항입니다. 또한 이는 위증자로서도 묘사되는데 바로 시편 27편 12절입니다. '내 생명을 내 대적에게 맡기지 마소서 위증자와 악을 토하는 자가 일어나 나를 치려함이니이다' 여기에서 위증가가 원어적인 의미에서 우리가 살펴보고 있는 거짓 증거하는 자인 것입니다. 모두 일반적인 거짓말이 아니라 법정적인 맥락에서의 거짓 증언과 거짓 증거입니다.

생각을 해보십시오. 만약 우리들이 대법원의 판사 앞에서 누군가를 의도적으로 그와 관련된 것을 거짓 증언과 거짓 증거를 말한다면 어떻게 되는 것입니까? 위증죄로서 엄중하게 다스려질 것입니다. 그리고 검사와 치밀한 수사관 앞에서 거짓 증언을 한다는 것 자체가 얼마나 두렵고 무서운 일입니까? 본문은 그러한 맥락과 무게감으로 거짓 증언을 하지 말라고 명령하는 것입니다.

구약시대는 수사 과정이나 범죄자 색출과정이 오늘의 기술만큼 발전하지 못하였습니다. 당연한 것입니다. 그 시대에 오늘과 같은 CSI 과학수사대가 있었겠습니까? 범죄심리수사대가 있었겠습니까? 그러므로 그 당시에는 증인의 역할이 결정적이었을 것이고, 매우 중요한 요소였음을 예상할 수 있습니다. 그러므로 제9계명은 그러한 맥락에서의 거짓 증거를 말하는 것입니다. 단순한 거짓말이 아닌 한 사람의 인생을 결정하고 좌우할만한 중요한 언급과 말입니다. 그러한 맥락에서의 제9계명 '네 이웃에 대하여 거짓 증거하지 말라' 인 것입니다.

제9계명과 관련하여 오늘을 살아가는 우리에게 그리고 신앙에 있어 중요한 것은 왜 그것을 그토록 엄중하게 금지하고 있느냐 하는 것입니다. 더욱이 그것이 왜 제5계명과 제10계명 사이에 삽입되어 있으며, 그것은 무엇을 의미하는가를 고민해야 하는 것입니다. 왜 그렇겠습니까? 왜 우리는 이웃에 대하여 거짓 증언을 해서는 안 되는 것입니까? 그것은 바로 언약공동체 내 모든 절차에 있어 하나님 나라의 공의와 질서가 바로 서 있어야 하기 때문이며, 그 안정감 속에서 이웃의 명예를 보존해 주어야 하기 때문입니다.

이스라엘 공동체는 그들의 삶의 모든 과정과 절차가 완전해야 합니다. 특별히 그것은 하나님께서 통치하시는 공동체이기 때문에 어떠한 왜곡이나 거짓이 없이 온전하게 이루어져야 합니다. 그렇게 할 때 궁극적으로는 그것을 통해서 언약 공동체가 안정감 있게 설 수 있으며, 이웃들과 지체들의 의미와 명예를 지켜줄 수 있기 때문입니다.

네 이웃에 대하여 거짓 증거하는 것은 하나님 나라의 방법도 아니며, 나의 이웃에 대한 명예도 지켜주지 못합니다. 당시도 마찬가지이지만 우리가 살아가는 이 세상은 그 어떤 것 보다도 우리 자신의 명예가 소중하고 중요한 시대입니다. 제6계명이 이웃의 생명에 대한 중요성을 다루고 있으며, 제7계명은 이웃의 가정에 대한 중요성을 다루고 있으며, 제8계명은 이웃의 재산에 대하여 다루고 있다면 바로 제9계명은 이웃의 명예에 대하여 다루고 있습니다.

만약 우리가 누군가의 거짓 증언을 통해 명예가 실추된다면 그것은 생명을 잃는 것과 같습니다. 누군가의 거짓 증언으로 내가 살인자가 된다면 나는 살인자가 되는 것이고, 누군가의 거짓 증언으로 내가 범죄자가 된다면 나는 오롯이 범죄자가 되는 것입니다. 만약 하나님 나라의 공의와 질서가 없다면, 그것을 무시한다면 언약공동체 안에서는 이러한 거짓 증거가 난무할 것입니다. 상상을 해보십시오. 우리 학생들 중 한 친구가 저에 대하여 거짓 증언하여 심각한 범죄자로 고소한다면 그것의 사실 여부를 떠나 저는 심각하게 명예 훼손을 입을 것이고, 학교의 공무와 모든 사역은 끝이 날 것입니다.

우리는 우리의 이웃에 대하여 거짓 증거를 하지 말아야 합니다. 우리가 영원하신 재판장, 우리의 완벽하신 재판장이신 하나님 아버지 앞에서 살아가기 때문에 그분 앞에서 거짓 증거하지 말아야 합니다. 만약 여러분이 이웃 대하여 거짓 증거를 한다면 그것은 분명히 하나님 나라의 공의와 질서를 어그러뜨리는 것이며, 여러분들의 이웃을 죽이는 일입니다. 이것이 제9계명이 담고 있는 가장 본질적인 의미입니다. 이것이 오늘을 살아가는 우리들에게 주시는 하나님의 핵심적인 메시지입니다.

2가지 적용점: 네 이웃에 대하여 거짓 증거하지 말라

제9계명의 메시지는 우리들에게 실제적으로 두 가지 적용점을 던져줍니다.

1) 우리의 말에 대한 것입니다. 우리 그리스도인들은 삶을 영위하면서 이 말과 혀에 대하여 항상 주의를 기울이고, 늘 깨어 있어야 할 의무가 있습니다. 우리가 던지는 이 말이 이웃을 살릴 수도 있으며, 이웃을 죽일 수도 있는 힘이 있음을 반드시 기억해야 합니다. 그러므로 이 말에 대하여 성경은 얼마나 많은 구절들에서 지혜와 경고를 주고 있는지 우리는 잘 알고 있습니다. 특히 우리는 모두 죄인들입니다. 그러므로 우리가 말하고 입에서 나오는 모든 것은 어찌 보면 악한 것으로 가득 차 있습니다. 야고보의 표현처럼 '우리의 이 혀가, 나의 이 혀가 나를 더럽히는 것'입니다. 하나님께서는 우리의 혀를 아름답게 창조하셨지만 우리가 죄인됨으로 인해 이 혀와 말을 우리는 자신만을 위해서 사용하고 있습니다. 우리의 모습을 한번 돌아보십시오. 우리가 사회생활을 하면서, 직장생활을 하면서 얼마나 이 말과 혀로 죄악을 범하고 있습니까? 거짓말을 하는 것은 아니지만 말하는 표정과 말하는 분위기를 통해서 상대방을 깎아내리고, 상대방을 무시하고, 나의 이익을 챙기고, 내 이야기를 듣는 이로 하여금 나에게 복종하게 하고, 당을 짓고, 얼마나 치졸한 행태가 많습니까? 하물며 교회 공동체에서 함께 신앙생활을 하면서도 말을 통해서, 혀를 통해서 얼마나 큰 상처와 아픔을 주고, 받고 있습니까? 신앙 공동체가 무색할 만큼 세상보다 더 독한 모습이 있지 않습니까?

이에 대하여 칼빈은 그의 기독교강요 십계명 해설에서 '우리가 하는 험담은 이유여하를 막론하고 정죄를 받는다'라고 명확하게 기술하고 있습니다. 여기에서는 엄중한 비난과 엄청나게 큰 거짓말을 의미하는 것이 아니라, 아주 작은 욕심과 미움에서 이루어지는 모든 말들이 이 험담에 해당합니다. 참으로 두렵습니다. 우리 모두가 여기에 해당되기 때문입니다. 그러므로 우리는 우리의 혀를 훈련시켜야 합니다. 우리의 말을 하나님 앞에 복종시켜야 합니다. 그것이 성숙한 그리스도인이며 품격 있는 그리스도인들입니다. 하나님을 향한 진정한 두려움과 사랑이 우리 가슴 속에 있다면, 영광스럽고 고매하신 주님을 향한 뜨거움이 우리 가슴 속에 있다면 우리의 혀와 입을 지켜내어야 합니다.

2) 무엇을 말해야 하는 것과 관련된 것입니다. 다시 말해서 거짓 증거하지 않고, 사람들을 험담하지 않는다면 우리는 무엇을 말해야 하는가와 관련되어 있습니다. 말 한마디가 공동체의 분위기와 낙심한 이들의 마음을 변화시킬 수 있지 않습니까? 그러므로 우리는 지금 이 순간에 내가 어떤 말을 해야하는지를 고민하면서 어떻게 하면 상대방과 공동체가 은혜를 받으며, 감동을 받을지 고민하고 조심스럽게 이야기하는 것이 필요합니다. 아무리 좋은 말이라도 상대방의 마음을 상하게 하면 그것은 마음을 닫게 할 것입니다. 상대방과 공동체를 이해하고 공감하며 따뜻한 말을 담아야 합니다. 예수 그리스도의 사랑의 말을 담아야 합니다. 특별히 우리 부모세대와 교회학교 교사인 여러분은 다음세대인 자녀와 청년에게 격려의 말을 해주어야 합니다. 무언가 부족하게 보일지라도 무언가 진행하는 것이 어설프게 보일지라도 그들에게 힘을 주시고, 격려해주셔야 합니다. 그들이 우리의 미래이지 않습니까? 우리는 그들을 신뢰하고 믿어주어야 합니다.

한걸음 더 나아가 우리의 입과 혀에 사랑의 말뿐 아니라 우리의 혀를 통해서 하나님 나라의 공의를 위한 진실을 말하고 복음을 선포해야 합니다. 사랑으로 말하는 것은 기본이고 거기에다가 그리스도를, 십자가를, 복음을 선포해야 합니다. 우리 주님께서 이 땅에 왜 오셨습니까? 우리가 이제 와서 무엇을 더 바라겠습니까! 진정 우리 삶에서 복음을 선포하는 것 이외에 무엇이 우리 인생에 목적이 되겠습니까? 더욱이 우리는 복음을 위해서, 진리를 위해서 복음을 선포하고자 헌신한 이들입니다. 우리가 복음에 관심이 없으면 누가 관심이 있겠습니까! 우리가 집중해야 할 것은 바로 이 복음 선포이며, 예수 그리스도의 진리의 말씀을 전하는 것입니다. 이 사명에 우리는 소홀히 해서는 안됩니다. 여러분의 말에 이 복음을 채우십시오. 여러분의 혀에 이 복음을 무장하십시오. 앉으나 서나 복음을 말하고, 직장에서나 어디서나 그리스도 예수를 전하는 것입니다. 세상 것으로 내 입과 혀를 채울 것이 아니라 예수로! 십자가로! 복음으로! 가득히 채우는 것입니다.

우리 입에 그리스도를 채우는 것, 복음을 채우는 것이, 우리 능력으로 우리의 의지로 할 수 있는 것입니까? 아닙니다. 우리는 못합니다. 할 수 없습니다. 하나님께서 하십니다. 하나님께서 우리를 복음으로 채울실 것이고, 복음으로 충만케 하여 우리를 삶의 현장 곳곳으로 보내실 것입니다. 우리 모두가 복음의 전달자요. 복음의 사역자가 되는 것입니다.

[쉬운 실전 파트]

수업 목표
1. 이번 수업을 통해서 제9계명의 기본 개념을 이해합니다.
2. 이번 수업을 통해서 제9계명의 2가지 신앙적 도전의 의미를 이해합니다.

수업의 핵심: 교회학교 교사, 이것만 생각해보자!
본 수업은 제9계명의 개념과 의미를 학습하며, 이를 위해 교회학교 교사는 아래와 같은 질문과 나눔을 수행할 수 있습니다.

1. 제9계명의 의미 : 제9계명이 가진 핵심적인 의미는 무엇입니까?
2. 성숙한 언어 : 신앙 안에서 교회학교 교사는 어떤 말을 해야 할 것인가에 대해서 묵상해봅시다.
3. 적용 : 교회학교 교사로서의 사역과 학생들을 지도할 때 제9계명을 어떻게 적용할 수 있을까요?

수업 로드맵

단계	핵심주제	학습내용	시간(분)
도입	십계명 읽기	▶ 출애굽기 20:1-17를 읽기 ▶ 제9계명에 대한 학생들의 이미지 나누기	5
전개	거짓 증거의 의미(1)	▶ 제9계명에서 활용된 '거짓 증거'의 기본적 의미를 설명하기 ▶ 이웃의 개념은 앞선 십계명의 자료 확인하여 간단하게 설명해주기	10
	2가지 적용점(2)	▶ 제9계명을 통한 2가지 신앙적 도전과 적용점 설명하기	10
정리	십계명의 활용	▶ 학생들의 구체적인 삶 속에서 적용될 수 있도록 생각을 나누기	5

√ 도입: 5분

　[활동] 십계명 읽기
　- 학생들과 출애굽기 20장 1-17절을 읽고, 제9계명에 대한 학생들의 이미지를 자연스럽게 나누어봅니다.

√ 전개: 20분

　[교육] 기본적 의미(1)
　- [쉬운 개념 파트]를 통하여 학생들에게 제9계명 거짓 증거의 기본적 개념을 설명합니다.
　- 이웃의 개념은 앞선 십계명의 자료를 확인하여 간단하게 설명합니다.
　- 학생들과 해당 사항에 대한 생각을 자연스럽게 나누어봅니다.

　[교육] 2가지 적용점(2)
　- [쉬운 개념 파트]를 통하여 제9계명을 통한 2가지 신앙적 도전과 적용점을 설명합니다.
　- 학생들과 해당 사항에 대한 생각을 자연스럽게 나누어봅니다.

√ 정리: 5분

　[활동] 십계명의 활용
　- 학생들의 구체적인 삶 속에서 제9계명이 적용될 수 있도록 생각을 나누며 자연스럽게 정리합니다.
　- 학생들이 실천과 적용을 할 수 있도록 구체적인 2가지 신앙 및 생활 미션을 정하여 봅니다.

> **[쉬운 개념 파트]**

탐심의 의미: 네 이웃의 집을 탐내지 말라…

　제10계명을 주의 깊게 살펴보신 분들, 그리고 십계명의 전반적인 내용들을 차분하게 살펴보신 분들의 경우, 열 번째 계명이 앞선 몇 가지의 계명들과 다소 유사하다는 생각을 가지실 수가 있습니다. 예를 들어 제8계명의 '도둑질하지 말라' 혹은 제7계명의 '간음하지 말라'와 유사하다는 것입니다. 그 이유는 열 번째 계명 내에서 이웃의 물질적인 것이 언급되고, 아내라는 표현이 그와 같은 인상을 주기 때문입니다.

　그러나 만약 열 번째 계명이 다른 계명들과 의미와 목적이 중첩되는 것이었다면 하나님께서 굳이 매우 요약적이고, 중요한 요소들만 담아내었어야 할 십계명에 따로 구분하여 담지는 않으셨을 것입니다. 그렇다면 우리가 비슷하다고 생각하였던 계명들과는 다른 의미가 담겨졌다는 것을 예상할 수 있습니다. 제10계명을 차분히 살펴보면 그 단서가 발견됩니다. 열 번째 계명의 메시지를 풀 수 있는 핵심적인 단어는 바로 '탐심, 탐내지 말라'입니다. 이는 히브리 동사 '하마드'로 표현되는데 이것의 의미는 '원한다, 갖기를 열망하다'입니다. 즉, '네 이웃의 집에 대하여 갖기를 원하지 마라, 열망하지 마라, 탐내지 말라'인 것입니다.

　이것이 가지는 근본적인 의미는 다른 계명들과 매우 차이가 있습니다. 예를 들어 다른 계명들의 경우 매우 행위적인 특징들이 부각되는 것에 반하여 이 마지막 열번째 계명은 아주 내면적인 것이며, 지극히 개인만이 경험하는 감정과 생각이라는 것입니다. 이 '탐하다'의 의미를 가장 극명하게 보여주는 동일한 용례가 기록된 성경이 있습니다. 바로 여호수아 7장 21절입니다. '내가 노략한 물건 중에 시날 산의 아름다운 외투 한벌과 은 이백 세겔과 그 무게가 오십 세겔되는 금덩이 하나를 보고 탐내어 가졌나이다 보소서 이제 그 물건들을 내 장막 가운데 땅 속에 감추었는데 은은 그 밑에 있나이다 하더라' 이는 우리가 잘 알고 있는 아간의 이야기입니다.

열 번째 계명의 탐심은 이와 같은 것입니다. 바로 내 자신의 유익을 위해서 탐하는 것으로 우리의 내면에 깊숙이 자리 잡고 있는 감정이며, 모습입니다. 하나님께서는 이것을 금하고 있습니다. 그리고 아간의 고백에서도 확인할 수 있듯이 이 탐심은 결국 행위로도 이어지는 것입니다. 탐하였기에 범죄를 저지른 것입니다. 탐하였기에 도둑질을 하는 것입니다. 탐하였기에 간음을 하는 것입니다. 어떠한 대상으로부터 자극을 받으면 탐심을 가지게 되고, 그것을 통해서 범죄로 이어지는 것입니다. 욕망과 욕심은 그것을 채우기 위해서 행위를 해야 합니다.

실제로 제10계명에서 예를 들어 사용되는 항목들을 보십시오. '네 이웃의 집', '네 이웃의 아내', '네 이웃의 남종이나 여종', '네 이웃의 소나 나귀', '네 이웃의 소유' 모두 특정한 행위를 통해서 도둑질이나, 간음을 통해서만 얻어지는 것들입니다. 인간적인 욕망과 욕정을 채우기 위해 행위를 수행하는 것입니다. 행위와 범죄가 이루어져야 그 욕망과 욕정이 충족되는 것입니다. 이것이 탐심의 위험성입니다. 이것이 왜곡된 욕망의 무서운 점입니다. 이것 때문에 십계명 전체의 마지막을 이 열 번째 계명이 장식하고 있는지도 모릅니다. 모든 죄악과 행위의 뿌리가 되는 것이 탐심과 욕망이기에 하나님께서 이것을 마지마에 두심으로 강조히고 있으십니다. 우리는 왜곡된 탐심을 버려야 합니다. 우리와 같은 성도들에게 이 탐심은 어울리지 않습니다. 우리와 같이 신앙을 고백하는 자들에게 이것은 절대 합당한 것이 아닙니다.

그런데 우리는 어떠합니까? 우리의 모습은 무엇입니까? 얼마나 많은 탐심을 가지고 있습니까? 정말로 우리 마음과 생각가운데 차마 표현할 수 없는 엄청난 욕심과 욕망들로 들끓고 살지는 않습니까? 얼마나 비교를 합니까? 얼마나 사치를 합니까? 그것이 세월을 오래 살았다고 달라지는 것입니까? 그것이 많이 배웠다고 없어지는 것입니까? 아닙니다. 그렇지 않습니다. 오히려 세월이 가면 갈수록 더 커지고, 배우면 배울수록, 좋은 것을 보면 볼수록 탐심은 날로 커져만 갑니다. 네 이웃이 소유한 것이 더 커 보이고, 우리의 눈과 마음을 얼마나 멀게 하는지 모르겠습니다. 이러한 탐심 속에서 살아가기에 많은 사람들이 자신의 분수를 넘어 무리하는 것입니다. 그러기에 격에 맞지 않게 사는 것이며, 불법을 저지르며 자신의 욕망을 채우기 위해 살아갑니다. 이것은 이미 제8계명에서 우리가 진지하게 살펴본 내용입니다. 우리가 그러한 처참한 수준과 모습으로 살아가라고 우리 주님께서 이 땅에 오신 것입니까? 아닙니다. 우리는 탐심을 버리며 살아가야 합니다. 하고 싶은 대로 원하는 대로 탐하며, 가지고 싶은 것을 모두 소유하는 것은 그리스도인의 삶의 방식이 아닙니다.

그리스도인의 삶의 방향: 네 이웃의 집을 탐내지 말라…

그러면 우리는 어떻게 살아가야 합니까? 우리는 어떠한 삶을 지향하며 살아가야 합니까? 제10계명에 비추어 볼 때 그리스도인의 삶의 방향은 두가지로 생각해볼 수 있습니다.

1) 우리는 현재의 삶에 만족하면서 살아가야 합니다. 웨스트민스터 소요리문답 제81문은 제10번째 계명을 보며 자신의 삶에 불만을 가지지 말라고 명확하게 기술하고 있습니다. 우리가 네 이웃의 것을 탐하는 근본적인 이유는 우리가 우리의 삶과 현재의 모습에 만족하지 못하기 때문입니다. 우리는 개혁주의 신앙 안에서 하나님의 절대적인 주권과 섭리를 인정하면서 하루하루를 살아갑니다. 나의 물질적인 수준, 나의 모든 삶의 환경은 모두 하나님께서 허락해주신 것이라고 믿고 살아갑니다. 그런데 우리가 이웃과 비교하고, 이웃의 것을 보면서 내 자신을 바라보니 만족하지 못한 채 끊임없이 갈구하는 것입니다. 우리 가정에 불화와 갈등

이 존재하는 것은 무엇 때문입니까? 여러분의 자녀와 갈등은 왜 생깁니까? 인생의 황혼에서 궁극적으로 삶이 행복하지 못한 이유가 무엇입니까? 무언가 허무감이 생기는 이유가 무엇입니까? 혹시나 현재의 삶에 하나님의 절대적인 주권에 대한 인정과 감사가 부재하기 때문은 아닙니까! 혹시나 내 삶에 불신앙적인 불만족과 체념이 가득하기 때문은 아닙니까! 있는 모습 그대로, 하나님께서 허락하신 모습 그대로 인정하고 감사하고 살아가야 할 것입니다. 지금까지도 우리를 인도하신 주님께서 끝까지 책임지시기 않겠습니까! 담대하게 그것을 믿고 살아가야 합니다.

2) 우리의 삶 자체가 나만을 위한 것이 아니라 이웃을 위한 삶으로 살아가야 한다는 것입니다. 이것은 특별히 칼빈이 그의 기독교강요에서 열번째 계명을 해석하며 적용하고 있는 내용입니다. 참으로 심오한 내용입니다. 우리의 인생에서 어떠한 욕망과 탐심도 존재하지 못하게 하고, 이웃의 손해를 끼치는 탐욕이 생겨나지 않게 하는 것입니다. 오히려 우리가 생각하고, 감정을 가지고, 계획하고, 행위하는 모든 것이 이웃에게 선을 끼치고 이웃에게 유익하게 하며 나만을 위한 것이 아닌 이웃을 위한 삶을 살아가도록 하는 것입니다. 이것은 십계명의 전체 구조에서 두 번째 파트 즉, 제5계명과 그 다음 계명들의 모든 사항들을 포함하고 있는 이웃 사랑의 맥락과도 정확하게 합을 같이 하고 있습니다. 그리스도인들은 이웃을 위한 삶을 살아가야 합니다. 사랑하며 섬기며, 예수 그리스도의 사랑을 실천하며 살아가야 합니다. 우리의 처한 상황과 맥락에서 정말로 이웃을 섬겨야 합니다. 정말로 말만이 아니라 진짜 우리가 실천해야 합니다.

저는 대한민국 정부(한국연구재단)의 지원으로 '한국 교회의 진입장벽'에 대하여 연구를 수행한 적이 있습니다. 연구의 주제는 '무엇이 한국교회의 진입장벽인가, 왜 한국교회의 성장은 멈추었는가'하는 것이며, 그 이유를 밝혀보고자 했습니다. 특별히 이를 위해서 문헌조사를 하는 것이 아니라 성도와 비성도들을 섭외하여 실제로 그들과 인터뷰하며 연구하였습니다. 마치 '추적 60분'이나 '그것이 알고 싶다'와 같은 형태의 연구 스타일입니다. 이를 일반적으로 질적연구라고 합니다. 연구의 결과로 다양한 내용들을 도출하였지만 그중에서도 가장 핵심적인 교회의 진입장벽은 교회와 성도들의 윤리 및 도덕적 수준이었습니다. 비그리스도인들이 볼 때 성도들이 사랑으로 사회를 섬기는 것이 없고, 이기적이며 독선적으로 살며, 자신들의 교회만을 생각하고, 지역사회와 이웃을 위한 삶을 살아가지 못한다고 응답한 것입니다. 여기에는 목회자들의 모습과 수준도 포함되어있으며, 목회자들 역시 이기적으로 비쳐지는 안타까운 상황이 있었습니다.

우리들의 모습은 어떠합니까? 직장, 시장, 아파트, 지역사회의 모든 삶의 영역에서 만나는 이웃들에게 어떠한 존재로 우리가 살아가고 있는지 돌아보아야 할 것입니다. 참으로 힘든 부분입니다. 하지만, 그럼에도 불구하고 그렇게 살아가는 것이 수준 있는 그리스도인의 삶이며, 참된 교사로서의 삶입니다. 이런 것들이 십계명의 열 번째 계명이 담고 있는 의미입니다. 탐심을 금지하는 기본적인 의미와 그것이 적용되는 두 가지 사항들입니다.

[쉬운 실전 파트]

수업 목표
1. 이번 수업을 통해서 제10계명의 기본 개념을 이해합니다.
2. 이번 수업을 통해서 제10계명을 통한 신실한 그리스도인의 삶을 이해합니다.

수업의 핵심: 교회학교 교사, 이것만 생각해보자!
본 수업은 제10계명의 개념과 의미를 학습하며, 이를 위해 교회학교 교사는 아래와 같은 질문과 나눔을 수행할 수 있습니다.

1. 탐심의 개념 : 제10계명에서 말하고 있는 탐심은 어떤 것입니까?
2. 그리스도인의 삶 : 그리스도인들의 삶의 방향이 나만을 위한 것이 아니라 이웃을 위한 삶의 방향도 균형 있게 가져야 함에 대하여 묵상해봅시다.
3. 적용 : 교회학교 교사로서의 사역과 학생들을 지도할 때 제10계명을 어떻게 적용할 수 있을까요?

수업 로드맵

단계	핵심주제	학습내용	시간(분)
도입	십계명 읽기	▶ 출애굽기 20:1-17를 읽기 ▶ 제10계명에 대한 학생들의 이미지 나누기	5
전개	탐심의 의미(1)	▶ 제10계명에서 활용된 탐심의 기본적 의미를 설명하기 ▶ 다른 십계명과의 차이점 설명하기	10
전개	그리스도인의 삶의 방향(2)	▶ 제10계명을 통한 신실한 그리스도인의 삶의 방향과 적용점 설명하기	10
정리	십계명의 활용	▶ 학생들의 구체적인 삶 속에서 적용될 수 있도록 생각을 나누기	5

√ 도입: 5분

　[활동] 십계명 읽기

　- 학생들과 출애굽기 20장 1-17절을 읽고, 제10계명에 대한 학생들의 이미지를 자연스럽게 나누어봅니다.

√ 전개: 20분

　[교육] 기본적 의미(1)

　- [쉬운 개념 파트]를 통하여 학생들에게 제10계명 내 탐심의 기본적 개념을 설명합니다.
　- 학생들과 해당 사항에 대한 생각을 자연스럽게 나누어봅니다.

　★참고자료

　웨스트민스터 소요리문답 81문

　질문 : 제10계명에서 금하는 것은 무엇입니까?

　답변 : 제10계명이 금하는 것은 우리 자신의 처지에 대한 온갖 불만과, 이웃의 잘됨을 시기하거나 원통히 여기는 것과, 이웃의 것에 대한 부당한 행동과 감정입니다.

　[교육] 그리스도인의 삶의 방향(2)

　- [쉬운 개념 파트]를 통하여 제10계명을 통한 신실한 그리스도인의 삶의 방향과 적용점을 설명합니다.
　- 학생들과 해당 사항에 대한 생각을 자연스럽게 나누어봅니다.

√ 정리: 5분

　[활동] 십계명의 활용

- 학생들의 구체적인 삶 속에서 제10계명이 적용될 수 있도록 생각을 나누며 자연스럽게 정리합니다.
- 학생들이 실천과 적용을 할 수 있도록 이웃(교우관계, 학교, 지역사회)과 관련하여 구체적인 신앙 및 생활 미션을 정하여 봅니다.